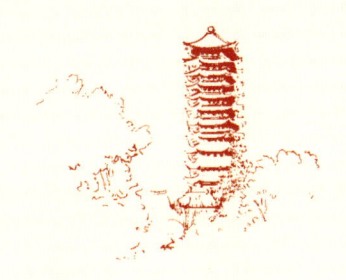

燕园"孩子王"

四十一年的童心守护者

The Kid's Captain of Yan Yuan - A Legacy of
Guarding the Hearts of Children for 41 Years

王燕华 著

北京大学出版社
PEKING UNIVERSITY PRESS

图书在版编目（CIP）数据

燕园"孩子王"：四十一年的童心守护者 / 王燕华著. ——北京：北京大学出版社, 2024. 11. -- ISBN 978-7-301-35816-0

Ⅰ. G617

中国国家版本馆CIP数据核字第2024WQ6009号

书　　　名	燕园"孩子王"——四十一年的童心守护者 YANYUAN "HAIZIWANG" —— SISHIYI NIAN DE TONGXIN SHOUHUZHE
著作责任者	王燕华　著
责 任 编 辑	刘　洋
标 准 书 号	ISBN 978-7-301-35816-0
出 版 发 行	北京大学出版社
地　　　址	北京市海淀区成府路205号　100871
网　　　址	http://www.pup.cn　　新浪微博：@北京大学出版社
电 子 邮 箱	zpup@pup.cn
电　　　话	邮购部 010-62752015　发行部 010-62750672 编辑部 010-62752994
印 刷 者	北京中科印刷有限公司
经 销 者	新华书店 880毫米×1230毫米　A5　9.5印张　插页4　196千字 2024年11月第1版　2024年11月第1次印刷
定　　　价	36.00元

未经许可，不得以任何方式复制或抄袭本书之部分或全部内容。
版权所有，侵权必究
举报电话：010-62752024　电子邮箱：fd@pup.cn
图书如有印装质量问题，请与出版部联系，电话：010-62756370

16 岁，踏进北京幼师学校的校门

19 岁的班主任，稚气未脱

脸贴脸、心贴心

青春年华、意气风发

在工作中历练，我也长大了

与孩子们相处，让我的笑容愈加灿烂

用爱心守护童心

我的童心和游戏心

俯下身，倾听孩子

融入孩子的世界，我的世界永远年轻

"老孩子王"和"小孩子王"的快乐时光

一花一叶，美好从容

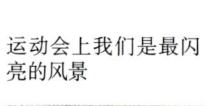

运动会上我们是最闪亮的风景

时光匆匆，"老孩子王"光荣退休了

童言寄语

祝亲爱的王姥姥长生不老！
我爱您♡
小四月

亲爱的王姥姥！我爱您哦！
昕昕

园长姥姥：
我最喜欢听您讲故事啦！
刘茗康

我想给王姥姥画个爱心，一座诗词

wáng lǎo lao ♥ ☆
wǒ xiǎng nǐ jǐ děng
wǒ xià cì qù zhǎo nǐ
玩。
萌萌

王老姥老抖抖哟
2024 11月30日

尽管上幼儿园已是30余年前的事了，王老师对我的许多关爱至今仍历历在目。
感恩，在我的童年遇到这么好的恩师♡
周星悦

"小孩子王" 寄语

亲爱的王老师：
如果说父母赋予了我宝贵的生命，
那么您就是为我增添色彩的敬爱的
成长的领路人。
袁晴

四十春秋育苗圃，
德高望重启童蒙
之航！
谢珍金

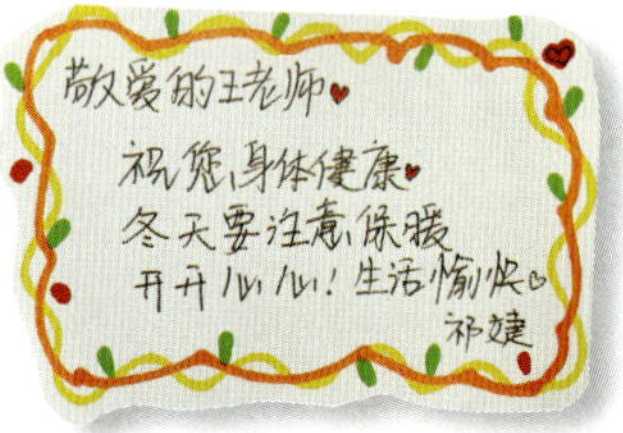

敬爱的王老师♥
祝您身体健康
冬天要注意保暖
开开心心！生活愉快♡
祁婕

王老师～
旦逢良辰
顺颂时宜！
一妁一鸣

愿时光温柔
予健康与顺喜
伴您岁岁年年～

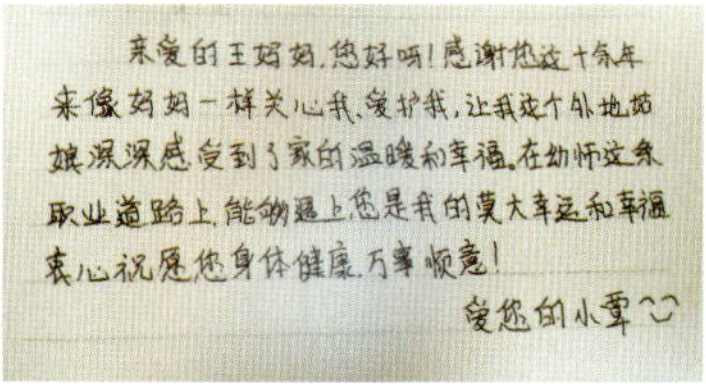

亲爱的王碧娟，您好啊！感谢您这十余年
来像妈妈一样关心我，爱护我，让我这个外地苗
挑呢呢感受到了家的温暖和幸福。在幼师这条
职业道路上，能够遇上您是我的莫大幸运和幸福
衷心祝愿您身体健康万事顺意。
爱您的小雪♡

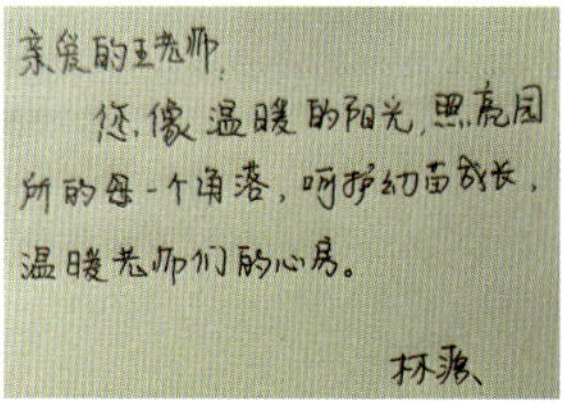

亲爱的王老师：
您像温暖的阳光，照亮园
所的每一个角落，呵护幼苗成长，
温暖着我们的心房。
杨骁

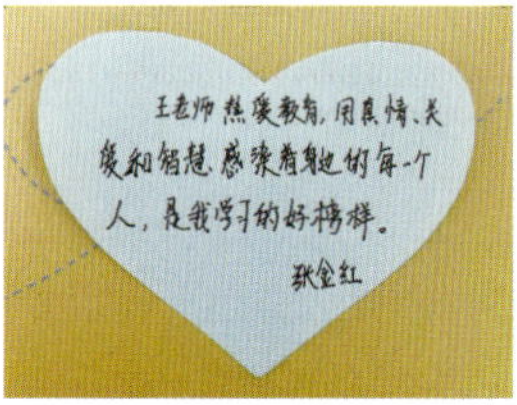

王老师：您笑容可亲，用真诚、关
爱和智慧感染着身边的每一个
人，是我学习的好榜样。
秋金红

序

王燕华

我出生在北京一个大家庭里，家里有哥哥、姐姐和妹妹，在父母和兄弟姐妹的疼爱中，我一点点长大。从我记事的时候开始，大约四五岁的样子，我就知道自己是一个特别能考虑别人感受的人，我喜欢跟长辈打招呼，会想尽办法逗父母和哥哥姐姐们开心，还会哄妹妹。随着哥哥姐姐们成家，比我小十几岁的侄子和外甥们出生了，从那时起，我就能深刻地感觉到，自己是多么地喜欢小孩子。我常常跟侄子外甥们做小游戏，哄他们开心，似乎我天生就有小孩子缘。

在那之后不久，我如愿考上了北京幼儿师范学校，开始了三年的专业学习。毕业那一年，选择分配单位，虽然还不确定去哪里，但我内心一直有继续读书的愿望，发自内心喜欢有学术研究氛围的工作单位，于是当机会来临时，我便毫不犹豫地来到北京大学附属幼儿园工作。从1983年工作的第一天起，我就深深爱上了这里，一转眼到现在已经有四十一个年头。我见证了一批又一批可爱的孩子来到幼儿园，又离开升入小学。当年我带的第一批孩子,如今也近不惑之年,有了他们自己的孩子。每天守望着孩子们在园子里茁壮成长,我内心有种说不出的幸福感,每当此时,我都感恩于幼儿教育这份工作带给我的不同人生体验。

随着时间的推移,和幼儿教育经验的累积,无论是我当年在幼儿师范学校学习到的专业知识技能,还是随后几年我在首都师范大学自修的本科教育、在北京大学心理学系选修的儿童发展心理学研究生班习得的专业知识,都一点一滴融入了我的工作中。时至今日,我仍然感觉到每天有好多新鲜的内容需要学习,对于幼儿教育工作的理解每天都在刷新。孔子曾说"四十而不惑,五十而知天命",如今我已年过六十,深感幼儿教育是自己的使命,看待一个孩子的成长时,更愿意以长久的眼光去看待,同时我也觉得自己很多时候就像个孩子,有很多好奇和困惑,尤其是孩子的思维和心理,对我充满诱惑力,恐怕我要用一生去思考和研究。

无论从事一线教学还是园所管理,无论是面对孩子、教师还是家长,想要为孩子提供更好的教育引导和支持,都离不开幼儿园教育工作者的感性和理性。感性让我时刻以孩子的身心安全为第一工作要旨,理性让我时常提醒自己要懂得等待孩子的成长。

对于幼儿教育的理解,我想跟大家分享一个影响我一生的故事,这是一个非常古老的故事,我第一次读到这个故事是在一本杂志上,那就是《郭橐驼种树的故事》。让我记忆深刻的是，我自己在关键的考试答辩中，都引用和分析了这个小故事。

故事讲述的是一个名叫郭橐驼的人，他很会种树。他种的树特点有二：一是成活率高且活得长久；二是长得硕茂，容易结果实，即所谓的"寿且孳"。有人问他有什么诀窍，他回答道："能顺木之天，以致其性焉尔。"故事让我明白了极其平凡而实际却很难做到的道理："顺木之天以致其性"，同时要明确的是，"无为而治"并不等于撒手不管或放任自流，而是要尊重自然生长的客观规律。无论是种树还是育人，只有掌握了事物发展的内部规律才能得到更大的自由。

这个小小的故事，给我的教育工作带来了极大的启发：一是一定要顺应孩子的天性；二是要了解孩子的身心发展规律才能做到顺应天性；三是整个园所要有统一的教育共识，才能实现教育的初衷。这三点是我多年领悟到的教育真谛，很简单朴实，但却十分有效。有这样的感悟，我感觉自己像在爬山，一步一步从山底爬上更高的山顶。如今，回头追溯自己的工作历程，再让我来总结和分享自己的幼儿教育教学和管理经验，我更愿意跟大家一起从高处往低处走，摸清教育之路，捡拾教育瑰宝，为我们的孩子们奠定更加优质的教育根基。

我也真诚地期待，能与各位前辈和同行探讨幼儿教育工作，互勉互敬，让更多的孩子从最初始的学校教育中获益，最终成长为善于打理自己生活的独立个体，为社会做出应有的贡献。

目 录

一、"孩子王"养成记……………………………………1
家有三斗粮，不当孩子王………………………………2
我的幼师学习生活………………………………………9
实践出真知——做积极的保育…………………………16
19岁的班主任……………………………………………19
苦中有乐的青春年华……………………………………23
青春的烦恼………………………………………………27
年轻小老师和园长的故事………………………………30
拔创………………………………………………………35

二、"孩子王"与孩子们的相处之道……………………39
科学把握师幼互动中的"前"与"后"…………………40
不为孩子制造"白噪声"…………………………………42
"浅肥伤根"的启示………………………………………47
成为孩子的玩伴…………………………………………52

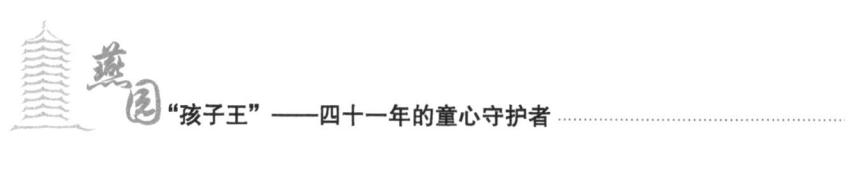

与孩子互动的"难"与"易" ……………………………… 58
师幼互动中的应变与技巧 ……………………………… 65
幼儿教育里的教学相长 ………………………………… 72
善用"无为"之道，谨防用力过猛 …………………… 83
葆有童心和游戏心 ……………………………………… 90
美妙的音乐活动 ………………………………………… 95
适度的宠溺与淘气 …………………………………… 100
让孩子感受到爱和尊重 ……………………………… 104
一碗水要端平 ………………………………………… 110

三、"孩子王"的智慧与传承 …………………………… 115

1. "孩子王"们的十八般武艺 …………………………… 116
幼儿教师的抓手 ……………………………………… 116
不同时代面临的不同挑战 …………………………… 124
成为散发正能量的"小太阳" ………………………… 129
师者有风范 …………………………………………… 135
微笑的力量 …………………………………………… 140
练就敏锐的洞察力 …………………………………… 144
言传身教，谨言慎行 ………………………………… 149

2. 我与"小孩子王"们 …………………………………… 151
带队伍中的"因材施教"和"珍视个体差异" ……… 151
让每一颗金子都能发光 ……………………………… 156

支持和信任，让强者更强 ·············· 161
　　大胆任用年轻人 ······················ 167

　3. "小孩子王"和孩子们 ················ 172
　　给蔬菜搭过冬的房子 ·················· 172
　　蚕宝宝的新家 ························ 180
　　探秘幼儿园的古树 ···················· 185
　　一起搭花架 ·························· 189
　　怎样运被子更省力？ ·················· 192

四、"孩子王"谈融合教育 ················ 197
　　探索融合教育之路 ···················· 198
　　融合幼儿园中的个性化教育 ············ 208
　　平等公正原则在融合教育中的涵义 ······ 213
　　她"破坏"了我的观摩课 ·············· 217
　　在一次次尝试中成长 ·················· 226
　　超级挑战 ···························· 229
　　接纳的九种含义 ······················ 233
　　学会等待 ···························· 243

附录1　研究论文 ························ 247
　　幼儿园家长融合教育观念研究——以融合幼儿园中
　　　普通儿童家长为例 ·················· 248
　　幼儿园教师融合教育素养提升的园本研究 ······ 256

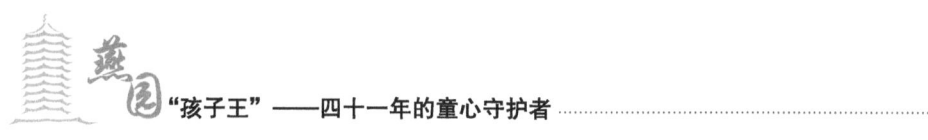

从儿童视角探析融合幼儿园中班级教师对个体差异的

认知状况 ……………………………………………… 265

科研教研双轨共促融合教育品质提升 …………………… 272

真实情境下幼儿园 STEM 游戏活动的开展情况

及实效 ………………………………………………… 281

附录 2　童言稚语 …………………………………………… 287

一、"孩子王"养成记

家有三斗粮，不当孩子王

小的时候，我经常听到这么一句老话：家有三斗粮，不当孩子王。这是什么意思呢？"孩子王"是通俗的叫法，指的就是小孩子的老师。做"孩子王"不是个轻松的活儿，不仅要求高，责任大，而且耗费心血，非常辛苦——这是当时大家对"孩子王"的共同认知。那时候，幼儿教师的主要任务还只是教知识、带孩子，大家就已经觉得十分不易了。

如今，不管是教育主管部门，还是社会大众，对幼儿教师的要求和期待都是"更上一层楼"的。人们常说现在的孩子没有过去的孩子好带，这是事实，也有一定的时代原因。首先，现在的孩子普遍比以前的孩子更有见识，更有个性，那么对幼儿教师专业素养的要求自然也水涨船高。其次，过去幼儿教师是有一定"威严"的，对孩子可以适度地批评，有的时候小惩罚一下也是可以的，而现在只能进行鼓励、启发和引导等正面教育。最后，从教育理念和教育目标上来说，

"孩子王"养成记

现在的幼儿教育要求教师能够尊重个体差异，并在接纳和尊重的基础上采用适宜的方式支持和促进幼儿富有个性的全面发展。一个班级的孩子，身心发展的状况参差不齐，性格特点也是千差万别。想要管理并教育好这些孩子就更不容易了。教师们不仅要具备过硬的专业知识，还要在实践的基础上善于总结经验，不断提升教育的技能技巧；不仅要具备随机应变的能力，还要能够"艺术性"地干好自己的工作，拿捏好尺度和分寸。从扎实严谨的专业性再到游刃有余的"艺术性"，其中的学问就大了。

小时候的我活泼开朗，热情外向，喜欢跑来跑去，蹦蹦跳跳；不管面对熟悉的人，还是陌生人，我都会主动热情地打招呼；要是大人们说让我跳个舞、唱首歌，我一点儿不怵，非常善于也乐于在他人面前展现自己。用比较专业的语言来说，我的社会性发展得很好。

再长大一点，我就成了大姐姐，特别喜欢比我小的孩子，觉得他们天真无邪，又古灵精怪，真是太可爱了，对他们有一种天然的亲近感。我十几岁的时候，家里的哥哥、姐姐都已经有了自己的孩子，每次一大家子相聚，我自然就成了孩子王。虽然这些孩子中男孩儿居多，个个都是淘气包，但我不费吹灰之力就能把他们都"收拾"得利利索索，"制"得服服帖帖。对个别太过捣蛋的孩子，我还能突发奇想地给他安排"工作"。孩子们出乎意料地都十分喜欢我，愿意追随着我，听从我的安排。

可能正是我天性中的这些特质最终促使我成为了一名幼儿教师。那时候初中毕业就要选择未来的学业和工作方向。而当年中专和中师是如现在重点高中一样的存在，只有成绩极好的学生才能考上。对于我这样一名从小学到初中一直名列前茅的优秀学生，摆在我面前的就是在小学教师和幼儿教师两者中作选择。其实，在报考时，当我看到有"幼儿教师"这个选择时，就眼前一亮了，内心充满向往：以后要是能天天和小孩子们在一块玩儿，那该多开心啊！我又听老师说，幼儿教师要学习很多的东西，比如唱歌、跳舞、弹琴等。这些都是我小时候十分向往的，可是那时候家里较为拮据，没有条件培养我的这些兴趣爱好，小学时还曾经因为家庭原因错失了一次音乐学院的招生。于是，我义无反顾地，同时也满心欢喜、满怀憧憬地选择了报考幼师学校。

我如愿以偿，考入了北京市幼儿师范学校。在这么好的学校学习，国家不仅不收学费，还管我们吃饭，因而对于这样的学习机会我加倍珍惜。当时，有些同学认为幼师的专业课更重要，而轻视文化基础课，而我却不认同，我一心想着得把所有的课程都学好。基于我在小学和初中阶段扎实的基础，以及进入幼师后的勤奋和努力，因此，我在幼师阶段各科目的成绩一直名列前茅。

幼师的专业课包含艺术类课程和教育学课程。面对如此丰富多样的学习资源，从小在郊区农村长大的我如获至宝。我们的老师都是教授教育学、心理学非常有经验且学养深厚的老专家、老学者，这也让我感到特别幸运和幸福。一向热爱学习的我更加如饥似渴，拼命地汲取知识，磨炼技能，同时，也充分享受着这样的学习过程。我觉得学校所有的课程都非常适合我这么一个活泼开朗、勤奋努力而又聪明灵气的小姑娘，我在学校各方面的表现都出类拔萃，这也增强了我今后当一名幼师的信心。对未来充满希望的我，那时候并没有想过未来究竟应该怎么做好幼师工作。

幼儿教育是一门实践性很强的专业，需要将书本知识与实践充分地结合，因此在二年级和三年级时，学校都给我们安排了实习任务。这种一边学习一边实践的形式，让我能学以致用。在实际工作中，我切身感受到做一名幼师的辛苦和不容易，初步地体会到了在幼儿园当"孩子王"的感觉——这种感觉对我来说非常美好。

幼师二年级的时候，我们的实习内容应以保育员工作为主，但学校的老师和幼儿园里的前辈都要求和鼓励我们大量地接触孩子，尝试自己独立带孩子，独立给孩子们上课。记得第一次带班的时候，我精心地设计了一节故事课。在课上，我把故事讲得绘声绘色，再配上丰富的肢体语言和夸张的表情，不仅孩子们听得十分入迷，在一旁配课的班主任老师也被我逗得捧腹大笑，最后跑到卧室，趴在床上大笑不止。这是我第一次在正式的课堂上迸发出身上那种"孩子王"的天赋和能量。这堂课，让我不仅得到了前辈们的认可，也变得更加自信。这个班的孩子们非常喜欢我，我完成实习任务要离开的时候，他们抱着我哭，依依不舍。这也让我品尝到了身为"孩子王"的美好、乐趣和成就感。

学校里学到的各种专业知识，我迫不及待地应用在实习工作中，也会应用在日常生活中。有一次，亲戚家有个孩子生病住院，因为疼痛总是哭。我去看他，跟他聊天，聊他的好朋友，聊一些好玩儿的事情，聊着聊着，他好像忘记了疼痛，一直都眉开眼笑。同病房的一位病友，是一位上了年纪的老师，她好奇地问我："小姑娘，你是做什么工作的？竟然还会用转移注意力的方法来帮助孩子减轻疼痛感。"这位老师对我的评价让我如沐春风，能用自己学到的专业知识帮助孩子，这种成就感让我兴奋不已。于是，我对自己的专业有了更深刻的认识和更深切的喜爱。

这时，我开始质疑"家有三斗粮，不当孩子王"这句俗语了。为什么不当"孩子王"呢？如果去做别的工作，能有当"孩子王"好玩儿吗？在我心中，毕业以后到幼儿园当老师，一个班四十个孩子都围着我转，那种感觉真是妙不可言。

然而，当我真正走进职场，面对幼教这份事业，面对那些性格不一、发展状况千差万别的孩子们的时候，遇到的困难也是不言而喻的。不过，在工作中遇到沟通交流、教育策略、课程设计等专业方面的困难，我都不在意，因为在逐个攻破各种难题之后，我能感受到一种别样的乐趣和成就感。

走上工作岗位以后，我遇到的最大困难其实是与成年人之间的相处和交往问题。

在一个单位或一个集体里，我拿捏不好与人相处的"度"，这是我的第一个困惑。作为一个"孩子王"，我经常会带着一种孩子的心态去看待工作，看待周围的事物，然后有时候也用一种孩子的方式去处理同事间的人际关系，去跟领导交流，或者处理与工作相关的其他事情，这让我遇到了特别多的难题甚至麻烦，还经常碰壁。

家长的不理解或误解，是我的第二个困惑。我满腔热情地投入工作，像大姐姐一样全身心地爱护着我的孩子们，有的家长却可能因为某一件小事，不能理解，甚至责骂，这给我带来特别大的烦恼。我喜欢跟孩子们一起疯玩，看到那一张张灿烂的笑脸，我会觉得世界很明亮。但是，我总有照顾不周的时候，难免让孩子有磕磕碰碰。有一次，有一个孩子跑的时候摔倒，脑门磕了个包，家长就黑着脸来找我了。我吓得心都提到了嗓子眼儿，既恐慌，又心疼。当时我觉得手足无措，真希望受伤的人是自己。其实，孩子们在幼儿园里受了伤，即使有的家长特别宽容，作为老师的我也过不去自己心里这个坎儿，心疼和懊恼经常压得自己喘不过气来。

当各种各样的问题扑面而来的时候，忽然间我就明白了，"孩子王"真是不好当！回忆起儿时听到的"家有三斗粮，不当孩子王"这句俗语时，我突然觉得有点儿后悔了：为什么我要选这个职业？

但是，开弓没有回头箭，既然我已经选择了这个职业，咬牙也要坚持下去。在接下来的时间里，我在工作中不断地锻炼，向身边有经验的前辈学习，观察他们是如何耐心而又巧妙地去处理和化解那些难题和烦恼。我也经常听到一些特级教师、优秀教师分享他们的故事，并从中汲取养分。

我发现不管我怎么焦虑，或者怎么跟孩子着急，孩子们看着我的小眼神儿依然充满了信任和喜爱。第二天早晨，他们依然会噔噔噔地跑过来，抱着我，奶声奶气地说："王老师，我昨天梦见您了！""王老师，您梳的小辫子太漂亮了，我喜欢您！""王老师，晚上我要跟您走，不想回家了。"

孩子们回馈给我的这种美好感觉，转化成了一股源源不断的力量，不仅逐渐缓解了我的焦虑，更平复了我对职业的惶恐或者是对前途的担忧。于是，我坚守着自己的理想，我骨子里从不服输的性格让我最终成长为一名真正的"孩子王"。

一 "孩子王"养成记

我的幼师学习生活

回顾自己的成长历程，我觉得受益最多的，是在北京幼儿师范学校（以下简称北京幼师）学习和生活的那段珍贵时光，它也像一帧帧画面，时常在我的脑海里浮现。

"文革"后，国家对幼儿教育幼师培养都非常重视，不仅重新恢复幼师这个专业，而且尽最大力量把最优质的师资汇集于此。1980年，我非常幸运地考入了北京幼师。

从北京幼师体育老师的配备，就可以看出当时国家对幼师培养的重视程度。我们的学校面积不大，当时学校有3个年级，每个年级4个班，一共12个班。12个班就配有4名体育老师，其中1位女老师，3位男老师。这4位体育老师可谓个个"身怀绝技"。其中的一位男老师会气功，有一次他在我们的要求下给我们表演吸气，竟然让前腹和后腹几乎贴在一起，整个人变成特薄的一片儿，他还能运气劈开鹅卵石，这让我们这些学生看得目瞪口呆。这位体育老师不仅技艺惊人，个性也很独特，他烫着一头卷发，为人处世热情奔放，对待教学用心专注。可惜那时候的社会风气相对比较保守，学校对老师的要求更加严格，他不得不按要求把头发剪短、拉直。另一位体育男老师长得高大帅气，玉树临风，有同学给他起外号"小辣椒"，因为他长得特别像当时一部印度电影《大篷车》里的男主角"小辣椒"。这位老师在体育教学上异常严谨，对我们的要求也极为严格，他总是将相关的理论知识融会贯通在训练中，我们也很快能学以致用。还有一位男老师虽然没有教过我，但平时我能看到他给别的班级上课，或者带着专业队训练、参加比赛，上课时总是一副严肃的表情，他的"绝技"是精准地把控时间，每次课都不会浪费一分一秒。仅有的一位女老师是专业的体操老师，负责学校体操队的训练和比赛，同时也带体育课。她留给我的印象是认真，甚至是"较真"。有一次，她在大厅里指导一名女生的艺术体操动作，我们去食堂吃午饭刚好遇上，忍不住多看了两眼。这个女生的动作似乎不太协调，一个简单的动作怎么也做不对。这位女老师一遍一遍地指导、示范，不厌其烦。我们吃完饭回来，她们还在那里练习。我们这些"观众"看着都百爪挠心，可是老师还是不急不躁，耐心地纠正她的错误。其实这位同学只是常规学习，并非要参加比赛，可是这位老师依然一丝不苟地严格要求，甚至都顾不上吃午饭。老师的这种敬业精神让我敬佩不已，至今都记忆犹新。

在学校里受到的各种熏陶和专业教育，在我的心里刻下了深深的烙印，对我产生了潜移默化的影响。我读小学和初中的时候，学校对体育并不重视，学生们对体育课的态度也是能逃就逃，能躲就躲。进了北京幼师以后，我发现学校对体育要求严格，体育课不再能"划水"。在这几位各有所长又恪尽职守的体育老师的教育下，我逐渐喜爱上了体育，并且发现自己在体育方面也是有天赋的，因而自驱力大大增强。记得有一次，体育课上教的跳高动作我没有完全掌握，我就在大厅里一遍一遍地练习，一次又一次地冲刺、起跳。刚开始动作做不对，每一次都会摔得很惨。但是为了在那一瞬间的腾空，突破自我，我也丝毫没有停下脚步。经过整整2小时，才好不容易把动作练得差不多了，我摔得浑身青一块紫一块，全身都像要散架了。第二天早上，我根本起不了床，身上每一块肌肉都在"喊"疼。最后，两位同学拼尽全力才把我从床上拉了起来。在北京幼师读书期间，我们学了平衡木、高低杠、双杠、单杠，这些都成了我的拿手好戏。我们学习的跳箱项目是6节直角跳箱，我给全年级做过示范动作；还有跳高，也是我给全年级做示范。总体上，除了800米成绩差点儿，其他体育科目我的成绩都是优秀。我相信自己的能力和潜力，所以我充满自信，不再畏惧体育的挑战和困难。

　　不仅是体育，在艺术课程上我也是受益匪浅。当年我们的声乐老师是印尼华侨，专业且严格。他告诉我们一个道理：要在工作中巧用方法去完成任务。既然选择了幼师这个事业，就不能因为哪天身体不舒服，就放弃了当天的工作。比如说嗓子哑了，或者有点感冒了，还有来月经了，这都不能成为不上课的理由。所以他教我们学习发声方法，这样哪怕是嗓子有点发炎，也能按时完成工作。其实我天生的嗓音一般，歌唱的基础条件并不好，因此在声乐方面极不自信，那种感觉极其痛苦。有的同学天生嗓音好，稍微给点儿气息，嗓音就很嘹亮，这样的同学也特别受老师宠爱。但是我又是一个喜欢较劲儿的人，熬过了前面两年"痛苦"的学习和练习过程，三年级时突然有一天我就顿悟了，明白该怎么唱歌了。这可能就是从量变到质变的过程，而这个质变，是我日复一日练习的结果。虽然我现在唱歌仍然不是太好，但是我已经能够驾驭我的嗓音，哪怕今天嗓子哑了，也能把工作完成。

要成为一名合格的幼师，在艺术方面也需要学习"十八般武艺"。我手指头不够长，灵活度也不好，弹钢琴没有先天优势。那时候，钢琴课要求每周每个人都要回琴——就是要当着另外9个同学的面演奏学过的曲子。好强的个性绝不允许我在其他同学面前丢脸，为此我拼命地练琴。那时候，一般家庭都买不起钢琴，几乎所有同学都需要在琴房练习，因而琴房非常紧俏，时间都排满了。按规定一个人一次只能排一个小时，往往是刚进入状态，就要换下一个人了，"抢琴房"成了我的当务之急。我发现午饭时间琴房大约有半小时是空闲的。为了抢到这段时间，我经常食不甘味，练就了超快的吃饭速度。那时候条件比较艰苦，食堂里8个人一桌，没有凳子，大家都站着吃饭。我总是狼吞虎咽地一顿扒拉，一边嚼着最后一口饭菜,一边往琴房跑。不仅如此,我还盯准了晚自习下课和熄灯睡觉之间的空当,总是飞快地洗漱完毕,冲到琴房再练一练。那会儿,每周末只休息一天,作为一个特别恋家的人,一般情况下,我周末都会回家。但为了练琴,我毅然舍弃回家的机会,因为周末也比较容易抢到琴房。有段时间,因为一首曲子太难,我总是弹不好,为此,连着三个星期没有回家。功夫不负有心人,最终能弹出优美的旋律是对我这段时间努力的最佳奖赏。

在幼师教育恢复之初,学校师资力量不足,除了聘请一些经验丰富的教师前辈,还有一些特别优秀的幼师毕业生留校任教,以弥补师资的不足。我的一位舞蹈老师就是一位留校的教师,她用心而又努力,也让我记忆犹新。她传授给我们的,除了音乐舞蹈教学法的理论,还会给我们讲一些生动的教学例子和她自己的体会。这些案例和体会都来自于在她之前丰富的实习经历,她非常善于观察和思考,因而能总结出来。讲到教学法的时候,她告诉我们如何在上课的同时把几十个小朋友管理好。在反复强调上课纪律的办法不好用时,需要随机应变,使用一些适宜的方法来解决问题。比如,作为老师,自己先平静下来,孩子们可能随着你的状态也就安静了。她还给我们讲过另外一位实习老师的例子:有一个孩子顽皮捣蛋,折腾个不停,这位实习老师走过去,扶着桌子,用冷冷的眼神瞪着桌子对面的这个孩子,孩子果然被吓住了,好半天都一动不动。她的这个方法确实有震慑力,但这种冷漠，或者可以称为"冷暴力"，对孩子的心理伤害很严重，一定要尽量避免。如果你留意观察孩子，就会发现他们非常聪明，善于察言观色，你故作严厉地跟他们嚷嚷，他们并不怕你，因为知道你心里是爱他们的，但是这种"冷暴力"对孩子来说却非常可怕。润物细无声，这位舞蹈老师把这些生动案例和切身体会，像聊天一样传达给我们，让我受益终身。

我们当时学习的课程还有历史、地理、生物、物理等，因为博学多闻是对幼师的另外一个要求。由于学的时候全力以赴，很多知识我到现在都念念不忘，比如：乔木、灌木、植被的概念，脊椎动物的概念，孑孓是蚊子的幼虫等等。为什么幼师的课程设置这么丰富呢？为什么学校要让我们掌握这么多的知识和技巧呢？我觉得，这些专业的理念、丰富的知识，以及切身的感受和体验会植入到我们的骨子里，工作之后再把它们带到工作中，躬行实践，知行合一，就能自然而然地传递给孩子。

当年的北京幼师，老师治学严谨，同学们笃志好学，蔚然成风。学校纪律严明，我们每周仅在星期三下午有两个小时的"放风"时间，其他时间都不能出校门。在这样严格的管理下，绝大多数同学都在夜以继日地学习，如海绵一般努力吸收各种知识，玩儿命地把自己变得更加优秀，用现在的话说就是很"卷"。所以，那时候我们北京幼师的毕业生走到哪里都是一块珍宝，大家都抢着要。我也不例外，天生好强的我绝不甘于人后，每门课都想争第一，而我实际上几乎每次考试总分都是第一名。当年在北京幼师的学习和现在的高中特别像,校园里随处可见学生埋头苦读的场景,深夜的宿舍楼,也是灯火通明,每一滴汗水都凝聚着学生对知识的渴望。大家各门课程学得都很扎实,基础也夯得非常牢固。

  多年后,再次回顾三年的幼师学习生活,当时的我精力旺盛,求知若渴,又得到那么多德才兼备的老师的教诲,他们的治学精神和同学们的学习态度已经深深地刻入了我的骨子里。这三年,像是我人生中的一座灯塔,指引着我前行的方向。后来无论在工作中遇到多少困难与挑战,我都会铭记那段时光给我带来的力量与勇气,勇往直前,追寻理想的光芒。

实践出真知——做积极的保育

韩愈在《师说》中写道:"师者,所以传道受业解惑也。"我发现,上学时有些见解独到或经验丰富的老师在课堂中讲授的一些重要内容,不管是否包含在这门课的教学计划之内,往往会令学生印象深刻,从而产生深远的影响。

刚进入北京市幼儿师范学校的时候,班主任给我们上的第一课就让我念念不忘。那时学校的学生都是女孩子,住集体宿舍,没有淋浴。班主任在说完学校的一些基本注意事项之后,特意叮嘱我们,要注意个人卫生,让我们除了备好洗脸洗脚用的盆以外,额外再准备一个干净的盆。学生们来自四面八方,家庭背景也千差万别,有的学生可能从小受家庭影响,比较注重生活卫生,而有的学生可能从未得到过这方面的教育和指导。这件事让我感慨老师对我们生活细节的关注,更让我意识到作为未来的幼儿教师讲究个人卫生的重要性,以及将来在工作中注重孩子们卫生细节的重要性。

一 "孩子王"养成记

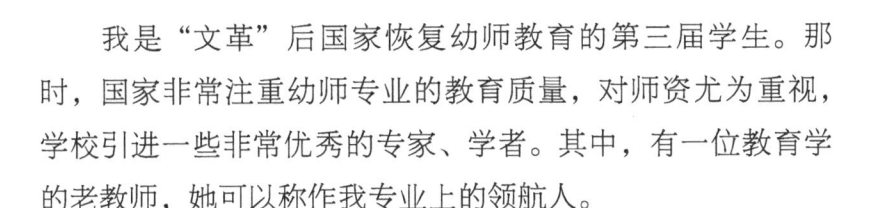

我是"文革"后国家恢复幼师教育的第三届学生。那时,国家非常注重幼师专业的教育质量,对师资尤为重视,学校引进一些非常优秀的专家、学者。其中,有一位教育学的老教师,她可以称作我专业上的领航人。

当时她已是一位银发老太太,脸上总是挂着慈祥的笑容,给我们讲幼儿的保育问题。她的课非常生动,既有很多理论,也有很多实战经验。时至今日,理论方面我早已不能背诵,但那些生动活泼接地气的内容我还记忆犹新。她告诉我们,孩子睡觉的时候要注意周围的风,并不是说不能有一点儿风,而是不能让孩子睡在正对窗口处,让风正对着吹,这就不合适。同时,也要注意循序渐进地让孩子进行锻炼,以增强体质,逐渐适应自然的风,直到开着窗户睡觉也不会生病。这个知识点背后蕴藏的道理让我琢磨了很久,老师讲的重点并不在于是否应该开窗睡觉,而是关注到孩子们的体质需要逐步锻炼,倡导让孩子适应自然的环境,否则就会太过娇气,好像温室中的花朵,弱不禁风。

那时候,很多幼儿园是全托,也就是孩子们晚上会住在幼儿园。她讲课的时候非常注重幼儿护理中的各种细节问题,可以细致到什么程度呢?她给我们讲如何给孩子们洗屁屁,小男孩应该怎么洗,小女孩又应该怎么洗;上完厕所后,老师应该如何帮孩子们擦屁屁,如何教孩子们自己擦;孩子们午睡的时候,老师看护时应该注意什么,被子应该怎么盖,盖到哪儿……

这位老师为碧玉年华时期的我打开了一个新世界的大门，让我学会从不同的角度看问题。在工作多年后，我对老师当年教授的内容更能洞彻其理：婴幼儿的教育首先需要重视的就是护理，要给予孩子们无微不至的呵护，但同时也要引导他们进行适当的锻炼，增强体质，为他们健康茁壮地成长保驾护航。要让孩子们循序渐进适应自然的环境和气候，在温暖的季节中吹点儿流动的风，在炎热的夏天出点儿汗，在寒冷的冬天感受一点儿严寒。而不是有点儿冷就一味地捂，或是有点儿热就开空调。适应环境的冷热，对孩子们来说是成长过程之一，对他们的身体健康也十分有益。

　　这些知识能让一名幼师学生受益一生。从我带班起，就一直重视孩子们生活细节的管理，比如户外活动时孩子们坐在墙边儿，我会比较在意他们坐在南墙根儿还是北墙根儿；如果坐在草地上，我会比较在意当时是什么节令。后来，我成为业务干部，讲到班级保育工作，我用了一个词儿：积极的保育。这个词儿不是从书中看来的，而是从我的实践中得出的真知。积极的保育，就是在幼儿的看护工作中，除了对幼儿的呵护——这就是所谓的"保"——更重要的是"育"。幼儿教师们得教会孩子学会自己"保"，通过锻炼身体，使得孩子们的身体能"扛"能"保"，这就是积极的保育。

19 岁的班主任

　　1983 年，我参加工作，那时候才 19 岁。一晃眼 40 多年过去了，现在想来，19 岁的我其实还是个单纯又叛逆的孩子。因为我是"文革"以后北大引进的第一个，也是唯一一个北京市幼儿师范学校的毕业生，刚进北大附属幼儿园的时候，不管是大学、北大后勤体系（幼儿园当时归后勤管理），还是幼儿园里，上上下下的领导、同事，都把我看成一个"人才"，觉得我是科班出身，是个小专家，所以一进幼儿园就让我担任班主任。

　　那时候的我，朝气蓬勃，单纯得如一张白纸，对工作斗志昂扬，同时也有着一股青春的热血和叛逆。现在看到刚来幼儿园的年轻老师，经常让我回想起自己当年的那种感觉——有点儿个性、有点儿叛逆，作为过来人，我了如指掌，我当年好像比他们还要任性和叛逆，所以，我特别能理解和包容。

　　我进幼儿园的第一印象，就是幼儿园怎么这么"古老"？不仅冬天教室里要靠生大煤炉子来取暖，还有很多规矩也"因循守旧"。幼儿园里小朋友用的擦手毛巾一直以来都是每个人从家里带来的,五颜六色,大小不一,挂在洗手池边上显得参差不齐,杂乱无章。对此我无法容忍,因而决定大刀阔斧地进行改革。我的想法是:家长出钱,然后我用这些钱统一购买颜色和大小一致的毛巾,并在毛巾上绣上孩子们的名字,这样齐刷刷的多整洁,多美观。没有经过深思熟虑,刚刚成为班主任的我就满腔热情地带着班上的老师,说干就干。

我们班上另外两位配班老师也很年轻,比我大两三岁,虽说在幼儿园的时间比我长一点儿,但并没有专业的教育背景。我这个19岁的班主任就带着他们,倚仗书本上学来的知识,想着通过统一毛巾这件小事尝试贯彻一下"环境育人"的理念。

正当我们干劲十足、兴致勃勃地到处去比较、挑选便宜又好看的毛巾的时候,一个老保育员却把我告到了园长那里。园长和园领导爱惜人才,当时并没有批评我,只是告诉我这样做是不允许的。但是即便如此,我也已经怒不可遏,觉得头皮发麻,肺都要气炸了,整个人都被"愤青"的叛逆感充斥着。第一不服气的是我明明做的是好事啊,为什么还受到非议呢?领导应该表扬才对啊!第二个就是为什么要打小报告,告黑状?作为前辈、同事,难道不能直接告诉我不允许这样做,或者这样做不合适吗?为什么偏要"腹黑"地到园长那里去打小报告呢?小的时候,要是哪个同学或小伙

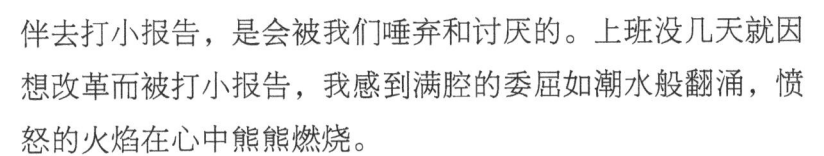

伴去打小报告，是会被我们唾弃和讨厌的。上班没几天就因想改革而被打小报告，我感到满腔的委屈如潮水般翻涌，愤怒的火焰在心中熊熊燃烧。

时隔多年，想想当时的自己真是特别可笑，不合适就不合适嘛，为什么要那么愤怒呢？用我现在的人生经历来理解当时的情况，就是觉得我这一腔热血，别人不仅没看到，还被打小报告、被否定，因而内心很受刺激。那以后，我对那个告状的老师一直耿耿于怀。

这已经是我进幼儿园不到一个月时间里的第二次被"告密"了。第一次是我刚进幼儿园的时候，没有朋友，也没有熟人，有位比我大两岁的老师，因我们两家距离比较近，很快就熟络起来。单纯的我对她有了像老乡见老乡的那种亲切感，于是对她毫不设防，掏心掏肺，无话不谈，包括自己对工作的一些感受、想法。不料，这位老师转头就把我的话传给了别人。说者无心，听者有意，另一位老教师对我误解后，就对我恶语相加、白眼相看。后来领导也找我谈话，让我以后要谨言慎行。

在我心目中幼儿园是一个特别神圣，特别美好，特别干净的地方。正式工作之前，我觉得我也做好了思想准备：投身幼教事业，带好孩子，努力工作，在教学上、在专业上做得出类拔萃。没想到我这样一个毫无社会经验的小老师，跨出校门就遇到两件烦心事，给我当头棒喝。现在想来，我当时也确实并没有做好进入社会的思想准备，所以遇到这两件事情一下子就让我心生叛逆。

  大部分人叛逆是针对父母，而我叛逆的对象是领导，当时我们称为"头儿"。领导来检查，年轻气盛的我一般都表现得不冷不热，心想：头儿到班里转一圈，查这个、查那个，有什么实际作用呢？我暗下决心：绝不当头儿。那时候，幼儿园在管理架构中设置一个班组的行政班长，目的就是培养年轻人，让年轻人从行政班长练起。我从19岁一直到29岁那十年，坚决不当行政班长，九牛拉不转，而且也看不起行政班长。我固执地认为，当个小官没什么了不起，与其挖空心思想当行政班长，所谓要求进步什么的，不如在专业上做出成绩，把孩子带好，把课上好了，比什么都强。

  从小我的性格就有两面性：一面是乖巧可爱，学习成绩好、有礼貌、会笑脸迎人，还经常被夸长得好看，小娃娃脸，明眸皓齿；另一面是特别有个性，不允许别人说我任何的"不"。因此，我一直都是老师的掌上明珠，同学心里品学兼优的好学生。到北大以后，连着遭遇了两次挫折，让我黯然伤神。那时候，我不懂得寻求心理支持，也不懂得跟领导去谈谈心、做沟通，就是从心里对"头儿"排斥。现在回想，当时真是只会"少年负壮气，奋烈自有时"，却不知"因击鲁勾践，争博勿相欺"。

一 "孩子王"养成记

苦中有乐的青春年华

进入北大幼儿园，我接的第一个班是在朗润园的红旗幼儿园，那是一个混龄班。因为适逢国家调整小学入学年龄，所以我们班两个年龄段的孩子要同时毕业。在北京幼师读书的时候，我并没有学过应该怎么带混龄班，但是当时初生牛犊不怕虎，就满腔热血地接手了。这个班有三十七八个孩子，但是因为我们三个老师都很年轻，精力充沛而且充满干劲儿，苦活累活对我们来说好像玩儿一样，总能在其中找到乐趣，也不觉得有多累。

当时班级里没有暖气，有一位工人师傅每天会来给我们生炉子。那个炉子高高的，很有年代感。我们三个人总觉得自己懂得多，于是争先恐后地去帮忙，踩着凳子上去帮着捅炉子，弯着腰帮着掏炉灰……早晨炉子刚生完火的时候会有烟，我们还会去观察烟囱口是不是打开了。这些都不是我们分内的事，但我们觉得班级就是自己的家，不仅毫不计较，而且干得特别来劲儿。

那时候教室在老式的房子里，抬头就能看到木头房梁和尖尖的屋顶，门和窗格也都是木制的。教室分成里、外两间屋，小朋友睡木板子拼成的大通铺。大通铺上的床单没有现成的买，需要我们老师把所有小朋友的床单给缝起来，拼成一张长长的大床单。为了让床单看起来美观整洁，我们就让家长都买蓝白格的。蓝白格在当时比较普遍，这样颜色好统一，而且蓝白的看上去也比较洁净。虽然家长拿来的蓝白格床单不尽相同，但是整体看上去还是相对统一。所以，我们一直对蓝白格床单情有独钟。

床单一个月洗一次，洗的时候就要把这个大床单拆成30多张小床单。孩子们每天玩得跟泥猴儿似的，床单上总是"五彩斑斓"，沾满了各种痕迹和脏污。可想而知，拆洗床单是一项大工程！洗床单本应是保育员的工作，但一个人搓这么多的床单，而且还要洗得干干净净，实在太辛苦了。于是，我们年轻的老师都抢着干，或者轮流干。我们先把床单都放在一个大盆里，用热水和洗衣粉浸泡，然后咔咔用手搓，再用搓板，把肥皂打在上面继续搓。洗完的床单晾干后，我们再把它们缝起来，重新铺好。这只是每个月的例行工作之一，那时的我们，虽然劳心费力，却从未觉得疲惫。

我们班的三位老师中我担任班主任，另外两个老师轮换工作内容，一个人做副班，另一个就要做卫生工作，每个月轮换一次。她俩之间有时候也有点小矛盾，我虽然在三个人中是小妹妹，但我是班主任，所以这时候还得由我来解决，也很有意思。

我住在北大宿舍里，离幼儿园比较近，所以我每天早晨会很早到园开始工作。那时候的我，满心都是对职业的热情，对美好生活的向往，浑身充满青春的活力。我在北大校园里都是骑自行车上班。到学期中的时候，天气逐渐转凉，那薄薄的手套已经挡不住寒风，我就把两只手揣在棉衣兜里，完全不扶车把，还一路哼着歌儿往幼儿园飞驰，只有到朗润园的小桥拐弯处才会扶一下车把。我觉得自己英姿飒爽，是如风一样的女汉子。这就是我当时的每一天——像个大孩子一样，朝气蓬勃、风华正茂，恣意挥洒着青春。

当时的朗润园班级少，所以同事也比较少，刚开始工作的我好朋友寥寥无几。我家又离得远，不能每天回家，宿舍也只有我孤零零一个人，一下班就会有一种孤独寂寞的感觉。于是，我就用喜欢的小说来排遣这孤独的时光。记得有一天晚上看一本书着了迷，看了整整一夜，第二天特别困，但是还得挣扎着去上班。现在回想起来，颇有感慨，年轻就是资本，一夜不睡觉，第二天除了困没有别的感觉，现在要一夜不睡觉，那种难受劲无法言喻。后来因为特别想家，我干脆就每天骑车十五六公里回到家里，然后第二天早晨6点出发，花50分钟才能到幼儿园，真的是不辞辛劳。

20来岁的年轻人正值青春年华，如果没有温暖家庭或伙伴的陪伴，没有丰富的精神食粮充实内心，去容纳、消解旺盛的精力，就会觉得空虚。不久后，我交了男朋友，后来又结婚，有了自己的家，同时工作上也更加繁忙，参加各种教学比武、比赛，有了努力的方向和展示自己的机会，感受到了人生的价值，这种寂寞孤独的感觉就逐渐消失了。

  回顾自己的心路历程，我深刻领悟到，当个体进入一个全新的阶段，置身于一个陌生的环境之中，往往会有那么一段时光，如同置身于迷雾之中，彷徨不定，难以找到坚实的支撑点，更难以避免的是，内心深处那分难以言喻的空虚与寂寞感会悄然滋生。这种心理状态对成熟的成年人来说都难以避免和调节，更何况是那些尚显稚嫩的孩子呢？当三岁的孩子初次踏入幼儿园的大门，这无疑是他们迈向广阔社会的重要一步。因此，幼儿园所肩负的责任便显得尤为重大——那就是要为这些孩子们营造一个充满温暖与美好的成长环境。只有当孩子们真切地感受到这分温暖与美好，他们才会乐于去适应这个小小的社会角色，去勇敢地探索与成长。而对于那些刚刚走出校园、步入工作岗位的年轻教师来说，工作的第一年无疑是一个充满挑战与机遇的重要关卡。回想起我自己曾经历过的那段稍显坎坷的初入职场的日子，我更加深刻地认识到，作为管理者，在接纳这些新老师的时候，我们务必要给予他们足够的温暖与安全感。只有让他们在这个全新的环境中感受到家的温馨，他们才能够有信心去面对未来的种种挑战，才能在这个充满希望的舞台上，绽放出属于自己的光芒。

一 "孩子王"养成记

青春的烦恼

青春年华是生命中最美好的阶段之一，19岁的我拥有天然的美丽，无须化妆品的修饰，也能焕发出迷人的光彩。我性格外向，脸上总是挂着明媚的笑容，让人感觉非常阳光，充满了满满的正能量。幼儿园里有个老师曾经跟我说："我妈妈看见你就说，你看那个小王，走路都是抬头挺胸的，永远那么精神！"

我带的第一个班是个混龄班，不仅孩子们年龄不一样，家庭背景也差别很大：有的孩子的父母是北大的教授，有的孩子的父母是普通的工人，比如在食堂工作的大师傅，或是木工等。其中有位家长在食堂工作，而且她工作的食堂刚好离当时我所在的位于朗润园的红旗幼儿园特别近，我下班就去那儿吃饭，这位家长每次都会热情地跟我打招呼。

那时候北大的食堂分员工食堂和大学生食堂，我们只能去员工食堂吃饭，拿着一张一张3毛、5毛、1块的面值不等的饭票，带着自己的饭盒去买饭。我去打饭的时候，这个跟我熟识的家长每次都会叫我，我就去她所在的窗口买饭。有一天，我又去买饭的时候，一个素不相识的食堂的小伙子问我："您是幼儿园的王老师吧？"我就故作深沉地沉着小脸儿，回应了一声："是。"这时候这个小伙子朝着后厨大声喊道："王老师来啦！"不一会儿又跑出来两个小伙子。我惊得待在原地有点儿不知所措。那时候我们餐饮中心的小伙子们都挺帅气，其中有一个小伙子姓刘，他问我："王老师，您买哪个菜？"我慌乱地指了指面前的菜，然后他就舀了满满一大勺菜放在我的饭盒里。我也没多想，又觉得害羞没怎么说话，更没仔细看一眼这个小伙子，转身就走了。从这以后，这个窗口都是这位姓刘的小伙子负责，每次给我哐哐盛上菜，我转身就走。

过了几天，在食堂工作的这位家长面露难色地跟我说："王老师，有件事情我得跟您说一下。我们挨批评了。"我说："为什么？怎么啦？"她说："您去食堂买饭，我们每次给您盛得多，有人说我们走后门。我们食堂的小刘可喜欢您了，另外那几个小伙子也都挺喜欢您的。"对于一个参加工作没多久的职场新人，从没关注过别人买饭时菜量是多少，也没经历过这样的事情。这事吓得我从此再没走进那个食堂，只好另寻一个没有人认识的食堂去吃饭。青春带来的烦恼，虽然有时让人手足无措，但能受到别人的欢迎和喜爱却也让我内心感到风和日暄。

这件事，给涉世未深的我上了一课：作为幼儿教师，在生活中需要处处留心，谨言慎行，否则一不小心很可能就会触雷。在平常的工作和生活中，我的一些不经意的言语或行为好像很容易让别人对我有意见，产生不满，甚至去告状。那时的我一边安慰自己：木秀于林，风必摧之；另一边也在反思，进入社会这个大课堂，我还有太多东西需要学习，比如要学会尽量规避一些麻烦。

作为师范生，学校也教了我们很多，比如要做一个正直的人，在专业上要有坚守、有追求，但缺少如何面向社会或适应社会这方面的教育。我想，不仅仅是当年的我们，即使是现在的大学毕业生，甚至博士毕业的学生，在刚刚走进社会的时候，也会遇到一些让自己力不从心或迷茫的事情。在学校，我们要知道如何做学生，如何跟同学、跟老师、跟学校相处。与学校相比，社会还是更加复杂。进入社会之前，我们也要提前知道一些社会上的为人处世的规则，知道如何跟社会上的人打交道，学会如何保护自己，知道处理某些事情的时候应该如何"圆通"一点儿。这些内容，建议纳入学校实践课的课程设置之中，让毕业生们进入社会时能规避一些风险，而不是一定要自己去亲身经历，在一个个鲜活的教训中去感悟和总结。

年轻小老师和园长的故事

不知道现在的年轻老师见了我们这些园长是什么感受，我刚入园的时候，身边的年轻同事都会提醒我："头儿来了，赶快躲，躲着点儿……"那时的我们跟园长们没有什么亲近感，有的人是害怕，有的人是不喜欢。我亦如此，不仅对园长们没好感，还说过狠话——自己永远不当"头儿"。所以园长来管我，不论是检查工作，还是指导工作，我就下意识地反感，不想接受任何指令。

我们当年的老园长何老师是一位老革命。何园长是护士出身，从医院转行过来做园长，所以对幼儿园卫生工作的要求极为严苛。当年红旗幼儿园用的是老式的木头柜子，何园长查卫生的时候，会把柜子挪开，检查柜子后边的窗帘，再摸摸柜子的后边儿是否有灰尘。对此，我有点儿恼火：难道我们每天还要挪开柜子擦柜子背板吗？有的时候，她竟然还会戴着白手套来检查。我百思不得其解：怎么这么严苛？这就是不信任我们！我那颗年轻气盛的心又开始叛逆起来：感觉谁要查我，就是要收拾我。

　　在红旗幼儿园工作一年后，我来到了燕东园，仍然担任班主任。虽然卫生工作主要是卫生班的老师负责，但是如果检查卫生的老师说我们班卫生不好，作为班主任的我就觉得无地自容。有一天中午，我正给小朋友盛饭，何园长就带着人来查卫生了。我心里就开始犯嘀咕：正在开饭的时间，我们都挺忙的，您来查什么呀？还没等我嘀咕完，何园长开始指出我们班的卫生问题，我瞬间就气儿不打一处来，哐当一下就把大勺子扔到桶里，这巨大的声音仿佛在大声诉说着我的愤怒和不满。现在想来，当时的自己做法的确有点儿过分，竟然对一位老园长摔勺子！然而，何园长宽宏大量，并没有批评我，只是说："你这个小鬼脾气还蛮大嘛。"何园长走后，副班老师告诉我说："领导来查是正常的，她说什么你听着就行了。"

　　可是，那时的我，真的不能容忍别人否定或批评我的工作。这样的个性应该跟我小时候的经历有关。从小我就是个乖乖女，长得可爱又聪明乖巧，身边的人对我也都是满眼的喜爱和满口的夸奖，从未对我说个"不"字。我自己也很好强，做什么事情都要求自己做到最好。记得我一年级有一次唯一没考双百的考试，语文只考了99分，扣的1分是因为"家庭"的"家"字忘了写三撇中最后那一撇。我逢人就说这事儿："我跟您说，我就是忘了写那一撇，不是不会写。"半个世纪都过去了，我还一直记着这丢分的一撇。在小学和初中，我一直保持着班上的前三名。上了北京幼师之后，刚开始不适应住宿生活，再加上得了中耳炎，耽误了几天课程，第一次考试考了班级的第10名，化学只考了78分。我站在教室的窗户前掉了半个多小时的泪，觉得无地自容，并且暗暗下定决心要更加奋发努力。在幼师的三年六个学期，一共12次大型考试，除了第一次，剩下的11次我都是总分第一名。

　　那个时候，还没有"挫折教育"的提法，学校对学生的心理健康关注也不多，老师们只看到我的成绩好，也都捧着我，惯着我，因而，我的这种好强的个性不仅没有得到开解，反而更不能容忍别人对我说"不"。从学生转变为老师，我依旧不能忍受领导对我工作的微词，还当着何园长的面摔了勺子。那个年代，幼儿园的老师绝大部分没有受过专业训练，原有的工作背景和家庭背景五花八门，何园长领导着那么一个庞杂烦琐的幼儿园，管理着各种各样的人，包括我这种脾气很大的"小鬼"，还服务了那么多北大教职工的后代，为幼儿园的发展做出了很大的贡献。其实，何园长是挺爱护人才的，对我们这些年轻的"小鬼"宽容大量、坦诚相待。何园长现在还健在，我们也经常去看望她。想起自己年轻时耍的小孩子脾气，以及何园长对待我们年轻老师的心胸和境界，我一直很感恩，而且也被她这种良好品格所影响，并自然地传承着老一辈的精神。当我也成了园长的时候，有老师跟我耍下脾气，或是干了傻事，作为过来人的我也会理解包容，不会记恨或给他们小鞋穿，并依然疼爱他们。

后来，我成了区里教研组的成员，经常会上各种类型的观摩课，有时候是别的幼儿园的同行来北大观摩和学习，有时候是区里组织的交流展示活动，有时候是参加比赛。在这些观摩课中，我选择音乐课比较多。这不仅是因为我有专业音乐的底子，会唱、会弹、会跳；更重要的是我觉得音乐课比较能出效果，更有展示感。我善于跟小朋友们沟通，能够临场发挥，抓住现场的关键点，调动孩子们的情绪，有效掌控整个课程以及观摩人群的情绪。园里也因为我音乐课上得好，经常把这样的观摩任务交给我。

除了何园长，当时幼儿园还有一位管业务的靳老师也让我特别感动。靳老师有一双大大的眼睛，一对深深的酒窝，真是花容月貌。她是"文革"前北京市老的幼儿师范学校毕业的专业前辈，弹、唱、跳，样样精通，是出类拔萃的学霸。我们年轻老师们都管如靳老师这样的老一辈专业幼师叫"大老师"。靳老师不仅对我关怀备至，而且始终保持着对我的尊重与欣赏，时常给予我诚挚的肯定："燕华，上次的课我看了，没有问题！"其实靳老师的音乐课也上得挺好，她总是以独特的教学方式，将音乐的美妙之处展现得淋漓尽致，但她依然把我"抬得很高"，不断地鼓励我。有一次，我准备第二天观摩课要用的教具。那个年代，物质条件与现在相比相差很多，幼儿园的教具也没有现在这么丰富和齐备，经常需要老师自己寻找或者修修补补。时间已经很晚了，我的教具还没有准备好，这让我心急如焚。就在这时靳老师过来了，她说："你在业务方面很强，这方面我没什么能帮你了，我给你做点儿服务吧。"然后，她特别谦逊地说："你的活动都有什么环节啊？需要我做什么呢？""哎，这个板儿坏了，你别着急啊，你准备你的，我来帮你弄"。靳老师说干就干，一个一个地检查那些要用到的小乐器，给打击乐器拴上绳子，帮我忙乎了一个大晚上，最终把小乐器都准备好了。

为此我特别感动，跟靳老师说："这是我第一次享受园长帮我为一堂课做准备，而且您完全知道我的需要。"之前园长们对我实在是太放心了，每次需要上观摩课之前，仅仅会有领导来通知：王燕华，你哪天几点要上观摩课，那天园长也会来啊。然后剩下的准备工作都得靠我自己了，在正式上课前没有人看我的教案，更不知道我要上什么课。而靳老师不仅会提前了解授课内容，还会动手帮忙，她对后辈的提携是发自肺腑的，给我留下了极深的印象。

相比我们那时候摸着石头过河式的自我成长，现在年轻教师可以说条件优渥多了。为了一位老师的成长，许多领导、前辈会在后面托举。同时，在致力于年轻教师的培育过程中，我们同样需要深入洞察并关注每位教师内心深处的真实需求。就如同靳老师那样，她真诚的关怀和竭诚的协助，深深触动了我，那分感动与温暖，时至今日仍在我心间回荡。

一 "孩子王"养成记

拔创

年轻时的我特别喜欢拔创。"拔创"的意思就是为人非常仗义，好替人打抱不平。

我刚工作没多久，幼儿园来了一位更年轻的同事。她刚来幼儿园的时候才十六七岁，也是个孩子，在家里也是位娇娇女。她是接班来的幼儿园，负责我班里的卫生工作。这位小老师刚开始做卫生工作，真的手忙脚乱，打扫也不够彻底。我和另外一位老教师都很照顾这个小妹妹，只要有空都会帮她干活儿：擦墙、擦地、擦桌子……但我们也有自己的工作，不能帮她的时候，班级的卫生工作总会出点儿问题。

有一次，她好像又疏忽了某处的卫生，挨了查卫生老师的批评。我带着孩子从户外活动回来，听说了这件事情，就立刻冲到了办公室找园长理论。我态度鲜明、语言犀利："要扣奖金扣我的，她是新老师，我是班主任，工作没做好是我的责任。"说完，我扭头就走了。现在想来，当时的我在园长眼里也许就是个"刺头"。

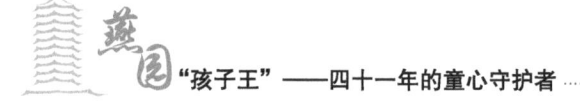

还有一次，我为另一位老师拔创。我到了燕东园以后，跟一位刘老师在同一个班级共事好多年。在那个年代，幼儿教师要想得到考学深造的机会特别不容易，僧多粥少，需要园里推荐，而且名额很少。我是工作满10年后，到29岁才有了考学的机会。刘老师对推荐考学的标准和相关规定极为不满，有一次跟某位办公室的老师也表达了她的想法，认为非常不公平。那时候，老师们都在幼儿园吃早餐。一次早餐时，大家在七嘴八舌地议论园里如何推荐考学的问题。而我就直截了当地说了自己的观点：觉得园里的推荐方法不公平，应该是愿意去深造的都参加考试，谁考上了谁就去。当时，园里推荐的名额只有三个，就只安排三个人去参加考试，如果其中有人考不上名额就浪费了。而按我的想法，想参加的人都可以去考试，公平竞争，按成绩取前三名，这样名额也不会浪费。当时，我作为一名普通老师，在滔滔不绝地发表自己言论的时候，有一个办公室的老师也在吃早餐。因此，我说的这些话很快就传到了领导的耳朵里。

有一天，园长怒气冲冲地来到我班上："王燕华，你给我出来一下，上我办公室来！"到了办公室，园长说："听说你还给刘老师拔创，说说怎么回事儿！"我立刻明白了是怎么回事儿，然后条理清晰地给园长讲了我的观点。我跟园长解释：第一，我不是给刘老师或者给某个老师拔创，因为他们也不一定想去上这个学；第二，我不是在背后悄悄地议论园里的规定，暗中阻挠或施加负面影响，而是在一个公开场所讨论这件事儿。我们讨论的时候，园里的一个领导也在现场。我只是很公开地提一些我的想法和建议，秉持公正、坦诚和尊重的态度；第三，我的目的纯粹是为幼儿园好，出于公心。您可以考虑我的建议。

园长听完我的话以后，对我的态度立刻有了转变。我继续说明："您刚才可能听的是一面之词或者是断章取义的话，所以我要当面跟您讲清楚。"园长看我逻辑清晰、襟怀磊落，反而把我夸奖了一番，说我起点高，要继续努力。这个风波就这样过去了。

拨创的事在这么多年的工作中，我做了也不止一两次。做老师的时候是这样，后来做了园长，还是这样，我非常在意孩子们和老师们的切身利益，尽自己最大的努力给老师们营造成长机会和平台，因而也经常会在各种场合发声。

年轻的我敢于直言不讳，敢于表达不同的意见，心是好的，但有时也会表现得过于鲁莽。后来我成了管理者，年轻时的这些经历经常提醒我要允许并且包容不一样的声音。这些不一样的声音有时候也会给我带来新的思考。

二、"孩子王"与孩子们的相处之道

科学把握师幼互动中的"前"与"后"

梅贻琦先生曾就大学师生关系做过一个比喻:"学校犹水也,师生犹鱼也,其行动犹游泳也。大鱼前导,小鱼尾随,是从游也。从游既久,其濡染观摩之效,自不求而至,不为而成。"

大鱼在前导之;小鱼在后随之。生动的语句,将师生关系,特别是在教育教学过程中,教师言传身教的重要性描述得形象生动。

那么,对于学前教育而言,是否也存在教师和幼儿之间的"前后"关系呢?结合多年学前教育实践,在我看来,回答好这个问题,需要回归幼儿成长本身,要在尊重教育规律和幼儿成长规律的前提下,科学处理"导"与"随"、"前"与"后"的关系。

一方面,把握时机,善于向前。于教师而言,几个向前的时机应把握好、把握准。如当幼儿遇到安全隐患时,教师应立即上前帮助幼儿排除隐患,并适时给予安全教育和引导;

如当幼儿遇到成长中的困惑时，教师应主动帮助释疑解惑，并以适宜的方式给予安慰和鼓励。当然，于教师而言，最重要的是要有理想信念与道德情操，在教育和陪伴过程中，潜移默化地为幼儿做示范、树榜样。

另一方面，巧妙"后退"，做到"以退为进"。如今，以学生为本的教育理念已经越来越深入人心，尊重学生的教学主体地位、变灌输式教育为启发式和引导式教育，这种教育理念也被越来越广泛地应用于教育教学实践中。于师幼关系而言，也是如此。在幼儿阶段，学习兴趣的激发、内在动机的培养、行为习惯的建立，对于未来的学习、成长至关重要。为此，老师应学会"后退"，充分尊重幼儿的主体地位和个性化特点，在赋予幼儿满足感与成就感的过程中，激发想象力与创造力，这实则是一种"以退为进"，是尊重学生主体地位的表现。

我认为在师幼关系中，教师还应做到与幼儿的同频共进。在陪育过程中，教师是幼儿的玩伴、朋友。教师在游戏活动中的参与感越强，越能促成良好的师幼关系。作为幼儿教师，唯有保持一颗童心、保持好奇与热爱，才能真正走进幼儿心里，与他们成为朋友，同频共进。

教师在前，还是在后，这是教育过程中的大学问。我想只有打造科学、积极的师幼共同体，才能形成高质量的师幼互动，助力幼儿健康成长。

不为孩子制造"白噪声"

以"幼儿为本"的教育理念逐渐成为幼儿教育工作者的共识,但是如何使用正确的方法支持幼儿的学习与发展,科学地帮助幼儿达到教育的期望,部分教师还存在一些疑惑和不足。教育部颁布的《3—6岁儿童学习与发展指南》中指出,学习与发展都是幼儿主体变化的过程,"学习"是主体通过与环境相互作用导致能力或倾向相对稳定变化的过程;"发展"是个体整体有序的变化,可以表现为数量、质量和结构的变化。所谓发展,指幼儿认知结构的建构。如果教师的言语指导对幼儿的认知起不到丝毫的触动,那就很容易演变成"白噪声"。

白噪声,在物理学上是指频率能量在整个可听范围内都是均匀分布的声音。但由于人耳对高频音敏感,这种声音听上去是很吵耳的沙沙声。从人的心理感受上来说,并不是很舒适。虽然,有科学研究利用白噪声帮助成人改善睡眠,但是白噪声对婴幼儿有一定的负性影响。如果婴儿一直处于白噪声的环境，那他对周围环境中的声音就会失去敏感性，缺乏分辨力，变得麻木，有的婴儿甚至对父母的声音都缺乏兴趣。

幼儿园教育中，我们提倡幼儿在生活和游戏中主动学习、亲身体验，教师的角色定位是观察者、支持者和引导者。但在教育实践中，却经常出现教师在幼儿游戏时不自觉地采用过多的、不适时、不适当的言语指导，比如同一句话反复说，同一个要求反复提。久而久之，幼儿对老师的引导和要求变得麻木，"充耳不闻、视而不见"。教师引导的语言，演变成令孩子抓狂且起不到任何积极作用的唠叨。这样一来，不仅难以实现师幼之间的有效互动，还容易让幼儿觉得幼儿园生活枯燥、乏味，丧失探索学习的主动性，无法达到应有的发展。

"对孩子说话"与"和孩子对话"二者有很大的不同，前者更多的是教师对幼儿进行"广播式的"传播，后者则是教师跟幼儿在"倾听与反馈"中不断往复循环，教师和幼儿之间需要更多的是"聚焦式"的有效互动。想要达到引导的效果，需要幼儿关注到老师的言语内容。

不管是组织各种教育或生活活动，还是在幼儿自主活动时给予指导，教师必须首先明了的是幼儿真正的需要是什么，而不能为了指导而指导。比如区域游戏时，当孩子正在自己喜欢的区域专心游戏时，有些教师却像是蝴蝶采蜜般地在各个区域来回穿梭：先来到美工区，看到一个小女孩正在画画，便说："呀，你画的是什么呀？"然后又"飞"到了娃娃家，提醒一句："大家注意不要把娃娃家的东西到处乱扔！"她又来到了建筑区，突然说一句："你这里有点问题啊，这样搭建能行吗？再仔细想想！"……当教师在进行"白噪声"般的言语指导时，美工区的小女孩可能正沉浸在自己的创作之中；娃娃家的孩子们可能正摆开阵势要上演忙碌的厨房状态；而建筑区的那个孩子可能已经发现了自己搭建的问题，正在尝试不同的解决方法。这位老师在各个区域留下匆匆的脚步和随意的几句话，对正在进行活动的孩子们除了干扰之外，没有任何意义。孩子们自然会主动选择忽视存在。

《幼儿园教育指导纲要（试行）》中有这样的论述："幼儿园的教育活动，是教师以多种形式有目的、有计划地引导幼儿生动、活泼、主动活动的教育过程。"教师在对幼儿进行言语指导，开口说话之前，需要认真地想一想：你的指导目的是什么？为达到你的目的，你有什么计划？你的指导计划对孩子有支持作用吗？孩子是否需要你的言语指导？

如何让自己的指导不成为白噪声？规避这个问题的有效方法之一，就是给予幼儿的指导应当适时、适当。

所谓适时，是指教师在对幼儿进行指导时一定要选好时机，这个时机的选择在于你的指导目的：你希望幼儿在游戏的过程中得到什么体验，获取什么经验或品质？比如拼插区的一个小朋友正在玩拼插材料，他试图将自己刚拼插好的一个不规则立体图形立在桌上，他尝试安装了一个类似"腿"的支撑，结果失败了；他又尝试把这条"腿"装在立体图形

二 "孩子王"与孩子们的相处之道

不同的位置,还是失败了;这时,他终于想到要再多装一条"腿",可是这次尝试依然失败。在接连失败了几次之后,小朋友逐渐失去了耐心,想要放弃。这时老师出现了,用一个手指支撑起立体图形倒的一侧,同时给孩子一个鼓励的眼神,启发他:"你觉得这样如何?"孩子恍然大悟,装了第三条"腿",立体图形终于成功地"站"到了桌上。整个游戏过程中孩子都充满了主动性,他分析、研究、实践,体验挫折和失败,最后在老师的协助下也品尝到了成功和喜悦。老师那点睛一笔支持了孩子物理科学经验的启蒙——稳定的三点支撑结构。这个案例提示我们,指导不仅要适时,还可以"无声",让"白噪声"自然隐退。

所谓适当,包含两层意思。首先教师要根据孩子的特点和状态来决定支持的程度。对于具备良好的专注、探索等素质的幼儿,我们要给予足够的机会进行尝试和体验,呵护好天性,并在关键时刻促进其发展。比如上面的案例,孩子在绝大部分的时间里都处于自主状态,几乎可以把控整个游戏过程,老师根本不需要过多的指导,只需在最后的瓶颈时刻,点到为止。有些孩子对于活动本身有一定兴趣,但却无法完全依靠自身进行深入探索,教师就需要在活动过程中给予足够的引导。另外,还有一些孩子本身能力较弱,包括一些有特殊需要的幼儿,教师应给予更多辅助性的指导,包括言语辅助和肢体辅助。在孩子学习能力不足时,给予他们需要的指导,才是适当的指导。

适当的另一层意思是指教师指导的方式和方法。在很多时候，教师的表情、眼神、手势等肢体语言起到的作用，更甚于言语指导。上述案例中，如果老师最后的指导不是结合了启发性的言语和简单的动作和眼神，而是采用告知性、下定论式的否定言语，那效果就会降低很多。比如教师说："再加一条腿试试"，这样的话语一方面可能会使孩子失去思考的机会；另外一方面，孩子可能会认为最后的成功是老师帮我达成的，而并非自己想出来的，其成功的喜悦会大打折扣。无论在一般认知上，还是社会认知上，都会让孩子对当前经验的建构留有一定的缺憾。

师幼互动过程中，不仅可以让语言规避"白噪声"的频率范围，还可以彻底消除白噪声。消除的方法有三种：一是更多地使用肢体语言，因为肢体语言不仅不会打扰到正在游戏中的孩子或旁边其他的孩子，还可以降低教师过度指导给孩子带来无形的压力；二是通过观察，暗地里地梳理孩子的困惑，用拓展性、启发性的言语进行互动，激发幼儿的思维，引导、鼓励幼儿进一步探究，而非终结性、结论性的言语，或给出否定或者是模糊的反馈评价，致使幼儿止于当前的思考；三是不断回到教育的初衷，以幼儿为主体，为其提供充分自主的发展空间，把话语权留给幼儿，把更多的时间留给幼儿去操作、体验和试误。教师在面对幼儿时，要发现真需要，促进真学习，支持真发展。引导做到极处，教育做到极处，无有他奇，只是本然。

二 "孩子王"与孩子们的相处之道

"浅肥伤根"的启示

"浅肥伤根"一词源于台湾冻顶山茶农给茶树上肥的经历。在种茶时,有些茶农将很多的肥料与水调和,直接喷洒在茶树旁的土壤表层,效果立竿见影,新栽的茶树很快就冒出密密的新芽;而有一些茶农坚持按传统的方法在离茶树一定距离的地方,将少量的肥料深深填埋,这种方法比较费时费力,而且茶树生长也很缓慢。这样看来,似乎前者施肥方法效果更胜一筹。但是后来遇到干旱,人们发现那些直接在土壤表层喷洒化肥的茶树全部旱死了,而将肥料在远处深深填埋的茶树却安然无恙。原来当地的地下水资源非常丰富,只要茶树的根能扎得稍微深一点,就能吸收到水分,不至于旱死。在表层土壤施肥,虽然使得茶树看起来茶芽繁茂,但其失去了拼命向下扎根的动力,根系非常弱小,不能扎根于更深处,也就没办法吸收地下水,所以抵抗不了恶劣的气候,最终旱死。

这件事情说明一个道理:浅肥伤根。幼儿教育其实也一样,任何执着于表面功夫,不想让孩子费太多心力,凭借捷径就可以取得好结果的做法，实则都会严重妨碍孩子以自己的根须去寻找水源和肥力，残忍地剥夺孩子在成长过程中应有的挫折、探索和历练，从长远的角度来看，一时的急功近利，都会以阻碍孩子的终生可持续发展为代价，得不偿失。茶树旱死可以重新种苗，但是孩子的发展和成长能够重新来过吗？错过学习与发展的敏感期和关键期，无法补救。浅肥伤根，这是一个值得所有幼儿教育工作者细细思量的问题。

在我看来，幼儿成长发展过程中能够为自身提供持续动力的内驱力是"根"之所在，也就是我们所说的学习品质。《3—6岁儿童学习与发展指南》中多次提到，要"重视幼儿的学习品质，幼儿在活动过程中表现出的积极态度和良好行为倾向是其终身学习与发展所必需的宝贵品质"。幼儿教育的根本目的就在于保护、引导和发展这些宝贵的学习品质，包括积极主动、认真专注、不怕困难、敢于探究和尝试、乐于想象和创造等多种素质或能力。

茶树需要在深处施肥，在幼儿教育中，怎样做才是适宜的"施肥"呢？我认为应该包含两方面：一方面我们要给予幼儿所需要的支持；另一方面，我们要采用适宜的方法。把需要的肥料用正确的方法施下去，才能为幼儿的学习与发展提供根本的、有效的支持，二者缺一不可。在幼儿成长过程中，我们教育工作者既要给予他们足够的养分，还要注意适宜的方法，掌握合适的度。即使无法完全参透幼儿的发展规律和模式，我们仍然可以尽可能地遵循幼儿表现出来的学习

二 "孩子王"与孩子们的相处之道

特点、过程和结果,提供符合其发展水平的学习内容和学习方式,将发展作为幼儿培育的基础,让学习促进幼儿的发展。

在一次小班的集体教学活动中,教师计划给孩子组织语言领域的活动,提升幼儿的故事理解能力,并学习一些关键句子。教师选择了绘本《贪吃的小蛇》,这个绘本主要讲的是小蛇吃了不同形状的东西,身体就形成了不同的形状。绘本本身充满想象,非常吸引孩子,教师的教学也相当有趣,孩子们积极参与互动,气氛非常活跃。当它的身体变成三角形的时候,老师让孩子们猜猜小蛇吃了什么。孩子们七嘴八舌地议论起来,有说饼干的、有说西瓜的、有说胡萝卜的,不断涌出各种想象。老师翻到下一页,读着书上的字:"哇!原来小蛇吃了饭团子!"其实,早在老师读绘本的前几秒,有的孩子就看见绘本上的图片,大声说是"粽子"!但是老师没有回应孩子,而是坚持读了绘本上的字。当听到"饭团子"这个东西,那位小朋友表示不认可:什么饭团子?这明明是粽子嘛!另几位小朋友也争先恐后地说起来:"是啊!就是粽子!咱们前几天还吃了呢!豆沙馅儿的!可好吃了!"面对孩子如此的积极表达,老师耐心纠正,照本宣科地坚持着:"大家再仔细看看啊,这是饭团子,不是粽子!大家记住了吗?"孩子们不以为然,坚持认为是粽子。在接下来的教学活动里,孩子们再没有了之前的兴奋、主动、积极和活跃。

上述老师的做法在某种程度上重蹈了"浅肥伤根"的覆辙。为什么呢?因为她的关注点是幼儿偏离了绘本上的文字,偏离了自己预设的教育目标。按照老师这样的教法，一节活动下来，也许孩子理解了故事，还能流利完整地按照绘本一字不差地讲述出来，但是这就是孩子在一节活动课里需要学习和发展的全部内容吗？当我们用丧失幼儿的积极主动地思考讨论，以学习品质为代价，来换取"鹦鹉学舌"般的故事复述，这不是违背了我们设计教学活动的初衷吗？幼儿参与活动，是他们学习和发展的过程性表现，活动内容是媒介，参与程度是路径，终极目标是要让幼儿获得重要的学习品质，催生出毕生发展的内在动力。正是老师过度在乎绘本的咬文嚼字，而采用忽视和纠正的教学方式，扼杀了幼儿的想象力，打击了他们积极主动去思考和学习的热情，也挫伤了他们勇敢表达自己意见的锐气。当提出"粽子"的孩子被老师否定了，其他想到"粽子糖"或其他答案的孩子还敢说吗？孩子们在以后的课堂上还能让自己的思想翱翔于想象的天空吗？他们以后还敢于提出不同的意见或主张吗？他们还能保持对阅读的兴趣吗？而这些正是幼儿在教育中真正应该获取的学习品质，也是支撑其一生发展和成长的"根"之所在。教师完全可以保留接纳幼儿的不同看法，同时回应孩子："作者跟你们的想法不一样，他认为小蛇吃了饭团子！很多超市都有卖，你们可以买回家比较一下，看看饭团子跟粽子到底有什么不同？"

  我们经常提及的"幼儿教育小学化"的问题也如出一辙。幼儿教育小学化主要是指在幼儿教育阶段只注重知识的传授，强调知识的"灌输"，而忽视了幼儿在游戏中的主动

二 "孩子王"与孩子们的相处之道

性、探索性的学习,忽视了对其语言能力、运动能力、观察能力、想象能力等诸多学习品质的培养。这样的方法违背了幼儿身心发展的规律,是一种教育的急功近利,其后果也只能是"浅肥伤根"。很多教育机构为迎合家长的需求,采取了直接灌输式的教育教学方法,就如同茶农将化肥直接喷洒在地表,因为这样,就能在短期内看到成效,让家长觉得"值得"花钱。而要发展和培养孩子们的学习品质,实在是一件耗时耗力的事情,首先要研究孩子们的需求,然后寻找到合适的方法,再找到合适的地点和时机给予他们适合的支持,正如使用传统施肥方法的茶农一样,短期内难以见到成效。小学化的幼儿教育恰似"浅肥",用孩子们一时的成绩掩盖了其"根系"的柔弱和发展不足,而没有发达的根系,孩子们未来的学习和成长靠什么来支撑?正如著名教育家李希贵所言:"学校教育里的课程,不应是注射器,而应是体温计!"学习任何内容都应该是让孩子体验,是不是对这个内容有兴趣,将来幼儿长大成人,步入真正的社会,才能实现自己的核心和优势价值。

幼儿天性喜欢游戏,喜欢自由地在游戏中去探索、发现、创造,喜欢在游戏中去体验,这是他们与生俱来的能力,正如"根"之能力在于吸收养分。所以,我们教育工作者一方面要设计出各种幼儿喜欢的游戏活动,另一方面我们在活动中对幼儿的支持、引导,一定是在尊重其基础上进行的。促进幼儿能力的发展,一定要认清幼儿发展的"根"之所在。

成为孩子的玩伴

作为幼儿教师，我们跟孩子互动的时候，既要把自己当作孩子们的老师，更要把自己当作孩子们的玩伴。这样的互动会特别自然和舒服，孩子们也更容易接纳这样的老师朋友。

在孩子们的心目中，老师是有一定威严的，尤其是在我年轻时候的那个年代。当然，现在老师们依然要有威严，老师说的话孩子们要愿意听，老师发出的指令要有效。但在组织学习活动或与孩子们一起游戏时，老师要与孩子们打成一片，让他们身心放松地"玩"起来。如果老师只顾着自己的威严，而忘记要成为孩子的玩伴，在教学活动中，如果有孩子发出了不一样的声音，或者是淘气捣蛋，老师的内心就会觉得不能接受或是不能容忍，最起码也会觉得不高兴。如果把自己当作孩子们的玩伴，就不会有这样的感觉了，因为几个伙伴一起玩耍，怎么可能都听一个人的呢？一般都会你一言我一语，或者你要往东、我想往西。这样，有不一样的声音或者淘气捣蛋，都是玩耍中很正常的事情。

二 "孩子王"与孩子们的相处之道

一次我上一节新疆舞的公开课,有一大群老师在旁边看课。这节舞蹈课的主题是摘葡萄,我们跟着音乐的节奏自由地舞蹈,用肢体感受音乐的乐趣和内涵。在舞蹈动作的最后,我"摘"到一个葡萄,然后放到嘴里"尝了尝",并发出感叹:"好甜啊!"孩子们觉得最后这个动作特别可爱,就都有样学样地去"摘"葡萄,然后放到嘴里"品尝"。我笑眯眯地问大家:"葡萄甜不甜?"大家都齐声回答说"很甜",只有一个孩子例外。他说:"我的葡萄不甜,是酸的。"看课的老师都捂着嘴笑了。这时候,我不紧不慢地走到孩子身边,问他:"你这颗是酸的呀?王老师摘的葡萄都是甜的,你尝尝王老师的葡萄,看甜不甜?"说完,我就假装把我装葡萄的碗递给他。他配合地"尝"了一个,说:"甜,特别甜!"然后甜甜地对我笑了。这样,我的课有了一个比较完美的收场,也体现出了我对孩子们的理解和尊重。从这个孩子的心理考虑,他可能想用这种方式引起老师的关注,也或者是表达一下他内心的叛逆:我跟你们不一样,我的葡萄就是酸的。

当一位老师能把孩子当成玩伴,在与他们互动的过程中展现出平等而尊重的态度,才能够真正地走进孩子们的世界,感受和理解他们的兴趣和快乐。老师不会因为孩子捡的东西太脏,而万分嫌弃地立刻扔掉。孩子们喜欢捡小树枝、小石头,还有树上掉下来的成熟的种子,掉在地上的小纸屑或者是小贴纸,这些都是他们十分珍视和爱惜的宝贝。我小的时候，家里有个小哥哥还捡过羊粪蛋呢，他觉得特别像黑枣，所以就当作宝贝藏在他的兜子里。如果老师是他们的玩伴，就要和他们一样珍视这些"宝贝"。我的孩子们还特别喜欢在院子里观察蚂蚁，抠蚂蚁洞，玩得浑身是土，但是无比快乐和投入，此时任何一种玩具都失去了吸引力。还有一年，幼儿园里的树打药晚了，那棵老槐树上长出了很多的"吊死鬼"。这可把孩子们乐坏了，他们抓起虫子就往兜里塞，当成宝贝一样。还有个小男生，捧着一大把肉虫子追着我跑，说要送给我。我虽然很害怕，但也没有制止。我知道，孩子们的爱好和兴趣点跟成人是不一样的，我们要做的就是尊重孩子，保护他们的好奇心和对大自然、对生活的热情。

作为老师，如果既能尊重孩子，又能做他们的玩伴，孩子们就能从心里接纳你。在家里也一样，孩子一般跟家里的哪个人最好呢？这取决于谁最能陪伴他，最能陪他玩儿，而不是取决于谁给他花钱最多，谁给他买过冰激凌。

我们班的孩子特别喜欢玩打仗的游戏，于是我就天天跟他们玩耍，并能够利用这个游戏，来实现我的教育目标。那时候，一个班最多的时候有42个孩子，而幼儿园的户外场地不是很大，户外活动的时候班级要轮换着来。有一次带中班，我们去户外的时候，楼下别的班都正在安静地集体教学，为了不打扰他们，我就得想办法让四十多个孩子安静地走下楼去。因为我们之前刚玩了军事游戏，我就跟孩子们说："赶快静下来，赶快静下来，前面有敌人的岗哨，大家不要发出声

二 "孩子王"与孩子们的相处之道

音,不能让敌人发现。"孩子们就这样非常安静地走下了楼,成功地"突破了敌人的封锁"。

户外活动的时候,有的老师为了把远处的孩子叫回来,只能大声地叫唤,而我只要拿出铃鼓轻轻地敲三下,孩子们一听到这个信号,就会立刻回到我的身边。然后我再给他们一个手势,自己先蹲下来,孩子们也会跟着我一起蹲下来,凑近了,悄悄地,好像在进行一项秘密的军事行动,我的要求很轻松地布置了下去。

所以,成为孩子的玩伴,老师既能把自己的工作干好,又会有一种四两拨千斤的感觉。否则,干起活儿来就会觉得特别累,也干不好。

随着年龄的增长和阅历的增加,我发现作为幼儿教师,除了要明确自己的角色定位是孩子的玩伴,要有一颗童心,或者是游戏心外,在与孩子们互动过程中还需要做到既能蹲下来又能托起来:蹲下来,这是一个平等和尊重的角度;托起来,这是一个欣赏和支持的角度。当老师蹲下来的时候,是把面前的幼儿当成一个孩子来看待,而把他托起来或是举起来的时候,是把他当成一个完整的社会人来尊重,他是与成年人一样的个体,只不过是年龄小一点儿而已。与成年人相比,孩子们更需要尊重,更值得尊重,而我们也必须尊重。孩子们虽小,但他们的内心世界是那么丰富。6岁之前,正是幼儿大脑飞速发展的时期,这时候的他们,虽然大脑的发育程度还不到100%,但他们知道的往往比成年人预计的要多。对这点，我体会很深。即使是两三岁的孩子，刚上托班或小班，他们晚上不仅能把在幼儿园学到的儿歌带回家，而且能把与老师和同伴相处的情感和情绪也全部带回去。更厉害的是，他们还能进行分析，比如，我们班的老师和哪位老师的关系比较好，和另一位老师的关系不怎么样；我们班的老师最喜欢哪个小朋友，又不怎么喜欢另外一个小朋友。很多你以为孩子们不懂或者没有注意到的微妙关系，他们都可以凭借他们聪明的大脑和敏锐的感觉了然于胸，虽然有时候他们不能用丰富的语言表达出来。作为老师，你一定不能小觑他们。如果你经常与孩子交谈，你还会发现他们看待人或事有自己的见解，有时候能看到本质，说出一些富有哲理的话，让我感慨万分。

　　当一位老师真正成为孩子们的玩伴，走进了他们的内心，在孩子们心中也就自然而然树立了权威，孩子们会对他言听计从。以前，有家长就很无奈地跟我说：我们说话孩子都不听，而王老师说的话就是"圣旨"。不仅如此，孩子们还会喜欢模仿老师，甚至是崇拜。我的孩子们就是这样：在孩子们眼里，王老师长得最好看；他们喜欢模仿王老师的一言一行；王老师穿的衣服他们也要穿；女孩子喜欢和王老师梳一样的辫子。有一个妈妈跟我说："我们家孩子现在越来越像王老师，活脱脱一个'小王燕华'。"

　　从家长们的反馈和孩子们的表现，可以看出老师对孩子们的影响之大。因此，幼儿教师除了要掌握各种专业知识、

二 "孩子王"与孩子们的相处之道

教育理念、技能技巧以外,更重要的是要在孩子们面前树立良好的榜样:注意自己的形象,一定要干净整洁,令人赏心悦目;每天心情愉快,微笑面对孩子们和各种事情,给孩子们带去轻松愉悦的心情;注意自己的一言一行,注重言传身教。你要知道,孩子们也是最有天赋的演员,他们回家可能会像演电影一样,给家人表演:老师是怎么看管午睡的,表演老师是怎么处理同伴间纠纷的,表演老师是怎么表扬或批评同伴的……

尊重幼儿,是每位幼儿教师的职责,要深刻理解和尊重幼儿的个性特质、兴趣所在及成长需求,应秉持开放包容的心态,全面接纳他们。成为幼儿的玩伴,是尊重幼儿的一种实质性体现。这要求教师以平等、亲切的姿态与幼儿进行沟通交流,并积极参与他们的游戏与活动。通过这样的方式,教师能够更加深入地洞察幼儿的内心世界,同时引导幼儿在合作、分享与解决问题等方面获得提升。尊重幼儿并扮演其玩伴角色,有助于构建一种和谐融洽、亲密无间的师生关系。这种关系不仅能够为幼儿的健康成长奠定坚实的基础,还能够激发他们的学习热情与创新潜能。

与孩子互动的"难"与"易"

所谓的教育方法，或是教育策略，说简单也简单，说难也难。难在哪儿呢？难在你是否能真正了解你的孩子，真正地理解他，还有就是你的方法对他是不是真的有用？有时候老师们可能会从各个渠道得到专业的指导意见，可是发现有时候这些方法并不好用。很多老师，甚至可能是绝大多数老师，出于完成任务的需要而发表文章、写教育笔记，如果纯靠理论知识，不联系工作实践，那么写出来的东西就会比较理想主义，难免纸上谈兵、脱离实际。

那为什么说也很容易呢？我认为当老师真正走进孩子的内心世界，真正做到尊重孩子，真正把自己变成孩子的伙伴，教育就容易了。通过观察小朋友之间的互动，发现他们之间的交流很畅通，甚至某个孩子还可以做群体中的"小司令"，别的孩子唯他"马首是瞻"。有的时候，孩子之间发生了矛盾，不需要大人干涉，他们就能解决。孩子并不觉得解决矛盾有多难，可是有时候老师会觉得难，这时候老师是不是应该找找这个问题的根源在哪儿呢？在我小时候，绝大部分老师只负责在课堂上教授知识，孩子课下之间的那种互动完全是开放式的，彼此之间的关系可能非常友好，能够建立起深厚、纯洁的友谊，当然也避免不了打打闹闹，产生矛盾。在没有大人干预的情况下，这些矛盾是怎么解决的呢？作为老师，如果能从这个角度去探究根源，就会发现教育没有那么难。

我们园里有一位萍萍老师，她对自己的女儿要求一贯很高。有一次我恰好遇见萍萍老师和女儿闹脾气。妈妈站在幼儿园大门里，女儿站在大门外，娘儿俩相持不下。妈妈闷闷不乐，孩子愁眉苦脸。僵持了一会，萍萍老师着急上班，催促道："你快点，妈妈都迟到了。"女儿丝毫不肯让步："我就不进去，就不进去。"萍萍老师说："我数三下，如果你还不进来，我就走了。"结果她数一下，那孩子就往后退一步。我装作没有看到她们吵架，走到女儿身边，笑眯眯地说："宝贝，你来了？今天怎么样啊？"她跟我打完招呼以后，我提议："咱俩玩个游戏吧，我数数，你往后退着走。"然后我数1、2、3、4、5，她就从门口往后退了5步。我说："停！现在开始玩往前走的游戏，我数数，你就往前迈，1、2、3、4、5、6，进6步。"第6步她迈一大步，进了幼儿园，然后就笑着跟着她妈妈跑了。

通过这个小故事，我想说明的是，孩子跟大人一样，都有逆反的时候，老师应该深谙孩子的这种心理。既然孩子喜欢宽松的氛围，那么老师就可以成为孩子的玩伴，通过玩游戏这种宽松的方式来交流，给孩子搭一个台阶，引导她迈出第六步，也就能就坡下驴了。有一种普遍的现象就是家长经常会让孩子叫人，但往往越说孩子就越不叫人。其实，成人也会出现这样的情况，有些人平常唠嗑聊天能滔滔不绝，但突然让其在会上发言，就可能结结巴巴、语无伦次。这是非常正常的现象，我认为它跟人的生理和心理都极有关。人在轻松的氛围中，思维的敏捷度更高，但是在紧张的环境下，情况就完全不一样。很多家长带着自己的孩子，或者幼儿园的老师带着自己班上的孩子，看见我，就会说：孩子叫人，快叫王老师，快叫园长妈妈，快叫园长姥姥。可是，家长和老师越催促，孩子越不开口，尤其是年龄较小的孩子，在对环境和交流对象不熟的时候，经常发生这种情况。这时家长就会觉得很没面子，或者当班老师会觉得很没面子。如何化解这种尴尬的局面呢？一般情况下我会说："哎呀，现在人家正忙呢，人家要把这个大轱辘转过去，忙完了才能有工夫叫我呢，或者是待会儿我俩悄悄地在一起他就叫我了。"虽然每次我用的语言和办法都会有微调，但基本上屡试不爽，既化解了所有人的尴尬，也让孩子心里放松下来。还有的时候，我会蹲下来，和孩子一起玩儿，或者说："呀，你衣服上的扣子真好看，我都没有见过。"然后我俩就开始聊这颗扣子。一会儿之后，这个孩子就会借着各种由头"王老师、王老师"地叫着跟我聊天。

二 "孩子王"与孩子们的相处之道

这种办法我称之为"故作轻松",遇到孩子的倔强劲,先搁下不表,暂时忽略或者转移注意力,或者给个台阶,问题会迎刃而解。所以要站在孩子的角度,了解孩子,跟孩子互动的时候,可以蹲下来,跟他进行平等交流。

北大幼儿园老师群体有一个显著的优势,就是非常富有爱心,而且特别愿意把爱用各种形式表达给孩子,这一点我为之骄傲。幼儿教师第一要心里有爱,而且是真爱;第二要会表达爱。

有的老师擅长表达爱,对孩子极为热情,能够通过自己的体态、动作、语言、语气让孩子们感觉到老师对他们浓浓的爱,比如我们园里的珍珍老师,这是她最大的一个优势。有的老师内心充满爱,但表现出来的却稍显温暾,或者给孩子的感觉稍微有点严肃。比如前面说到的萍萍老师,她是一位极其敬业,且深爱着每一个孩子的优秀教师。但与珍珍老师相比,她的"爱"就没那么外显,当然我觉得萍萍老师现在这方面已经有很大进步。对于年龄越小的孩子,老师的表达越夸张,他的感受越强烈。而孩子从温暾的老师那里体会到浓浓的爱,往往需要更长的时间。

这种外化的爱的表达方式,在与孩子进行交流时,显得极为有效且适用。我们园里有一名有特殊需要的小男孩。幼儿园的班级里设置有很多活动区,每一个活动区都有各自的要求,比如娃娃家,孩子们要先脱了鞋子,穿着袜子进去,游戏结束之后,得把这个区域收拾完,穿上鞋子再进入下一个环节。这个小男孩从活动区出来后就直接爬上了窗台,坚决不肯穿鞋,老师怎么劝都不行。当时,我刚好在这个班级,于是就走过去了:"孩子,让园长妈妈抱抱。"他瞄了我一眼,并不为所动。我调转方向,说:"让我闻闻你的小手吧?"于是拉着他的小手快速凑近鼻子闻了一下,故作惊讶地说:"哎哟,这小手怎么那么香啊?再让我闻闻这小脚丫。"我又凑过去假装闻一下小脚丫:"哎呀,小脚丫有点儿臭,哦,不对,我说错了,是也有点儿香。再让我闻闻你身上,啊呀,好香啊!好像是奶香味的。"我就这样跟他非常亲热地互动,逐步地进行肢体的接触,还闻闻香味儿。过了一会儿,我看火候差不多了,就继续说:"我太喜欢你身上的香味儿了,让我抱过来闻闻吧?"看他没有反对,我就趁势一把把这个小男孩抱过来坐在我腿上,就像妈妈和宝宝一样玩儿起来,捅捅这儿,挠挠那儿,我也让他闻闻我。我俩玩了一会儿以后,我对他说:"快把你这小脚丫藏进鞋子里。"他二话没说,痛痛快快把鞋穿上了。

  与孩子互动的行为背后是一种理念:就是老师把自己放在什么位置。如果觉得自己是高高在上的,就会这样表达:"老师说了,你应该穿上鞋,对不对?"这样的说教可能对孩子并没有作用。相反,你先跟他玩儿起来,你俩的关系一下子就变得平等且亲昵了。绝大部分书本上也许不会把与孩子互动的方法和细节写得这么清楚。借助这个故事,我想说的是,老师对孩子,尤其是年龄较小的孩子,表达爱的时候一定要非常外显，充分地使用语言、肢体、表情等各种表达方式，尤其是亲切真诚的笑。小孩子哪儿有那么多原则性的问题呢？尤其是当这个孩子的发展还有一点特点或障碍的时候，就更不用死守"原则"了。老师的原则就是爱，是尊重，是宽容，是接纳，是理解。有了这样的原则，老师的方法自然而然地就出来了，这是根之所在。

其实有些人特别适合做幼儿教师，他们的个性，为人处世的方式方法与幼儿教师需要的特质非常契合。当年我们上幼师的时候是需要面试的，面试官要评判考生是否适合这个职业。以前汽车司机的考试也比现在复杂，要测试考生的视力范围，即余光范围，以及手眼协调能力，具备这些能力的人才适合开车，不容易出车祸。同理，对于幼儿教师这个职业来说，如果从业者感到这项工作很烦琐，或者面对孩子时缺乏热情，丝毫无法展现出童心与游戏精神，那么就不适合从事这个职业。

所以，作为一名幼儿教师，除了要能够将爱充分表达出来，还要让自己成为一个有童趣的人。这些能力和素质是需要通过训练和学习才能掌握的。首先要学习教育理论和理念，认识到怎样做能取得较好的效果。让头脑被理论充分地武装之后，再去实践中尝试、应用和总结。现在的年轻老师们善于学习理论，他们能从包括网络在内的各种途径寻找自己需要的或重要的内容，我觉得这是符合时代发展的一项很重要的能力。但这只是第一步，接下来的学习更加重要。老师们首先需要进行交流，交流完了以后一定要去实践，就好像幼儿园经常做的各种应急演练一样。各类应急预案在纸上都写得特别清楚，老师们也都已认真学习并了然于心，可是一旦进入实战演习，还是会出现好多问题。"纸上得来终觉浅，绝知此事要躬行"，实战中发现的问题比纸上谈兵的反思价值要高很多。

我的体会就是，要成为一名合格的幼儿教师，首先要具备幼儿教师的基本素质，然后要勤于学习理论，更重要的是在实践中不断地摸索，在这个过程中能力得以提升。与幼儿互动实践中，有的方法可以举一反三，而有的方法是在面对"此情此景"时自然产生的。比如刚才那个我抱过来闻香味的孩子的例子，书本上就没写，我也没有提前预习，我也不能预见该方法对这个孩子一定能奏效，但是不管是对发展正常的孩子，还是有特殊需要的孩子，绝大部分表达爱的方式都会有效。

二 "孩子王"与孩子们的相处之道

师幼互动中的应变与技巧

教育教学工作需要高超的技巧与策略，特别是在幼儿教育的领域，这一点尤为重要。幼儿教师要有灵活、敏捷的思维，具备敏锐的观察力，能够随时捕捉孩子的情绪变化和兴趣爱好，及时调整教学策略。同时，还要会见机行事，根据孩子们的实际情况和需求，灵活调整教学内容和方式。幼儿教师要具备见机行事和"见人行事"的能力。每个孩子都是独一无二的个体，在深入了解每个孩子的特点和需求的基础上，因人而异地进行教育和引导。随机应变也是幼儿教师必备的一项技能。在工作中，可能会遇到各种突发情况和问题，需要保持冷静和镇定，迅速做出判断和决策。

我曾经遇到过一个需要见机行事的趣事。那天，我正给孩子们进行诗歌教学，外边突然出现了轰隆隆的飞机轰鸣声，孩子们都特别好奇，注意力也立即被吸引过去了。我立刻暂停了诗歌教学，顺着孩子们的兴趣说道："咦，是飞机吗？好大的飞机呀！刘老师，咱们带着孩子一起出去看飞机吧！"

于是，我们就一起出去看飞机了。那天的飞机飞得特别低，我们在幼儿园里从未见过这样的情景，孩子们也都举起双手惊呼，喜出望外。诗歌学习的时间可以灵活调整，此时，如果我硬让孩子们在教室坐着学习，他们将难以集中精神，学习效果会大打折扣。所以说，见机行事就是一种很重要的应变能力。

有一年我带混龄托班，全班一共有30多个孩子。那天刚好班上有位老师请假，人手显得捉襟见肘，有些环节衔接比较费劲。孩子们洗完手等着吃饭了，可是去拿饭的老师还没有回来。这时候就得想办法：既不能让孩子们无所事事，出现太长的无效等待时间，还要让孩子们的小手保持干净，否则等饭来了还得再次组织孩子们去洗手。我立即随机应变，编出了好多游戏，比如猜猜我的手里有什么，让孩子们比赛用小手变出好玩的样子，等等。

我曾经在讲课的时候讲过缓解初入园幼儿分离焦虑的方法，这些方法有的是我实践出来的，有的是我从其他老师身上借鉴的。不管用哪种方法，都需要老师们能够见机行事。因为每个孩子都不一样，某个方法用在这个孩子身上立竿见影，用在另一个孩子身上却徒劳无益。小班有个小女孩叫丫丫，是个非常有个性的小姑娘。我去他们班上看孩子们，经过老师引导，绝大多数孩子都会随大流，叫我"王姥姥"，跑来跟我亲昵，一看就知道他们都特别喜欢这位"王姥姥"。但是丫丫，我怎么逗她，就是不怎么理我。其实，这是极正常的现象。我分析有几种可能：第一，丫丫心里是喜欢王姥姥的，但是，老师们越说她会越放不开；第二，她可能觉得我太过热情了，这种过度的热情给了她压力；第三，她可能更喜欢含蓄一点儿的情感表达方式。

老师们对自己班里的孩子都了如指掌，对于孩子的不同焦虑情绪，他们都能通过自己的观察、分析和经验，寻找到个性化的解决方法。比如，园里有位小赵老师，他们班上有一对双胞胎女孩。我看她早上经常会抱着双胞胎中的老大，这个小姑娘就闭着眼睛躺在她怀里。我就问小赵老师，孩子怎么了。她说，小姑娘有起床气，每天都得闭着眼睛，在老师的怀里赖一会儿。小伟老师班上也有一个孩子，每天午睡前一定要翻跟头，老师们清楚地知道怎么让他完成"表演"，他才能安静地去睡觉。对待孩子，老师们要会观察、想办法，要抓住孩子的不同特点、兴趣等个性化的东西，灵活运用各种方法，还要随时调整策略。

对于刚入园的小班，我会经常去班上转。对于特别焦虑的孩子，有时候从班上领出去，到院子里走一走，能够有效缓解他们的焦虑情绪。当然，因为班上太忙，不是所有的班级都有条件把孩子单独领出去。所以，每年新小班入园的时候，我都会领出去几个孩子，在院子里转几圈。因为我明白，初入园的时候，是孩子焦虑情绪的最高峰，这时给他（她）换个环境，在大型玩具上折腾一会儿，就好像给情绪开闸放水。第二天再入园的时候，孩子可能就会平和一些。

当然对待不同的孩子教育方法不是一成不变的，要视当时的具体情况而定。比如刚才说到的丫丫，她肯定是不会跟我出去的。也有些孩子会觉得整个幼儿园我就对自己班级熟悉，离开班级可能会更加焦虑。所以，我们老师要采取的策略也要因人而异。第一是了解孩子，知道孩子具有独特的想象力和创造力。第二是尊重孩子。第三是作为教师要给孩子们足够的空间。第四，不要急于得到结果，所有方式方法的立足点都应该是孩子的发展。

一名幼儿教师，具备了基本的专业和理论基础，拥有丰富的实践经验，再加上与孩子之间的情感支撑，就能够更加深入地了解孩子，了解他们的个性，领悟到孩子之间的差异，从而尊重孩子，并且能随机应变地运用各种各样的互动和沟通方式，给孩子充分的成长空间。这些教师在与孩子互动过程中随机应变使用的方法，看似平常却是需要日积月累的技巧与能力，只有达到了一定专业水平的教师才能有这样的驾驭能力。

在这里，我想讲一个昕昕老师的教学案例。一天下午，幼儿园加餐吃橘子，昕昕老师去扔垃圾时，却看到了一垃圾桶的橘子。她非常惊讶，心想：原来我们班的橘子都被厨余垃圾桶"吃"掉了。孩子们的健康成长需要均衡的营养，不爱吃橘子可怎么办呢？于是昕昕老师抓住机会跟孩子们临时

二 "孩子王"与孩子们的相处之道

开了一场座谈会,一起来讨论"橘子为什么被垃圾桶吃掉了?"这个话题。孩子们争先恐后发言。奔奔说:"因为橘子太酸了,我不喜欢吃。"小红说:"因为橘子的籽太多了。"贝贝说:"我也觉得橘子的籽太多了,我都吐不出来。"小米说:"橘子身上那个白白的东西有点苦。"乐乐说:"我觉得橘子太大了我吃不完"。孩子们你一言,我一语,主要意思就是橘子不好吃,他们不爱吃。

怎么才能让孩子们爱上吃橘子?老师们开始思考对策。刚好班里在开展自然角活动,孩子们对种植特别感兴趣,种下了菠菜、白菜等植物,每天都悉心地照顾它们,给它们浇水、晒太阳、捉虫,盼望着苗苗快快发芽、长大。昕昕老师灵机一动,想出了好主意:围绕橘子开展有趣的探索活动。

有一天,又吃橘子了,昕昕老师说:"孩子们,今天我们又要吃酸酸甜甜的小橘子了,今天吃完橘子的小朋友可以把自己的橘子籽种到土里,我们看一看谁的橘子先发芽。"老师的话立刻引起了大家极大的兴趣。孩子们都很想有一棵自己的橘子树,于是当天的橘子全部被孩子们吃掉了。大家捧着自己宝贵的橘子籽都来找老师帮着种橘子树。这一次孩子们在种植活动中改变了对橘子的看法。

事情还没有结束。又一次吃橘子时,昕昕老师想出了新的主意:"哇,今天又吃橘子呀?那我们今天来看一看谁留的橘子籽最多,好不好?"孩子们一听都很开心,都想吃出来最多的橘子籽，于是拿到橘子之后都迫不及待地吃起来。这一次，孩子们在快乐的数学游戏中爱上了美味的橘子。几次下来，孩子们渐渐地都喜欢上了橘子酸酸甜甜的味道，希望自己能吃出更多的橘子籽，更期待自己的橘子籽能发芽。

在教书育人的每一天，都发生着感人、动人的小故事。孩子们的奇思妙想，孩子们的一言一行，孩子们的一点一滴，都牵动着老师们的心。怎么让孩子快乐健康成长？怎么帮助孩子解决难题？怎么和孩子一起成长？每一个问题都值得老师们深思，每一次的应变或是"技巧"都蕴含着老师们的教育智慧，每一次的成长飞跃都扎根在与孩子们的一日生活之中。

小伟老师的班级就在我办公室的楼下，我会经常到他们班上去，因而能发现她在与孩子们互动中的那些珍贵的、凝结着智慧和爱心的、展现出包容与尊重的教育方法或是语言动作。我总是用心地观察她的每一个动作、每一次努力，并时常为她指出那些值得肯定的地方。小伟老师也因此变得更加自信。我想如果我没有给她提点出来，她可能自己都不会意识到在自己的言行中所包含的那么高级的教育理念和教育智慧。

这些生动的教育案例，以及老师们在与孩子们互动过程中的教育智慧，都特别有价值。有些幼儿教师虽然在教学实践方面具备非常高的专业能力，但是可能在理论水平方面并不能达到同等的高度，所以我想把这些实践中的经验进行梳理、总结、提升,用不一样的园本课程呈现出来,保留下来。师幼之间平时的对话、交流和互动带给孩子们的东西,以及对孩子们的影响是潜移默化的,是深入骨髓的。孩子们天性中的很多东西都非常宝贵,是他们与生俱来的,作为幼儿园的老师,我们要保护好这些东西。我始终认为,幼儿园的老师们只要能够做到尊重孩子,给予他们必要的支持与鼓励,不要扼杀他们的天性,那么这样的老师就已经是非常出色、非常值得尊敬的了。

幼儿教育里的教学相长

《礼记·学记》中这样记载:"学然后知不足,教然后知困。知不足,然后能自反也;知困,然后能自强也。故曰:教学相长也。"中国近代教育家陶行知先生提出:教师要"为教而学","以教人者教己";师生要相互尊重,"相学相师"。

美国高瞻课程中指出幼儿的主动性是儿童能够发起一项任务并坚持下去的能力。我国《3—6岁儿童学习与发展指南》中提到重视幼儿的学习品质,要充分尊重和保护幼儿的好奇心和学习兴趣,帮助幼儿逐步养成积极主动、认真专注、不怕困难、敢于探究和尝试、乐于想象和创造等良好的学习品质。

因而,我认为在幼儿的学习和发展中,教师与幼儿需要共同卷入活动中,通过相互学习、相互影响,最终促进师幼共同主动发展。如果教师没有适宜、积极卷入幼儿的活动,不但会打击幼儿参与活动的积极性,灭掉了智慧火花,还会

二 "孩子王"与孩子们的相处之道

打扰幼儿，造成幼儿没有机会主动发展，而教师也会失去主动成长的机会。坚持教学相长的意义在于，可以提高我们的育人境界，达到教学相长的最优化，实现师幼互动发展。

教学相长这个道理的应验在工作中比比皆是，有一次就因为孩子的一次质疑，给我们带来深刻的思考。这是一节科学游戏活动《乌鸦喝水》。这个故事众所周知，作为教师对故事的理解也应该入木三分。在活动中，幼儿开展了同样情境的实验，实验结束后孩子们分享刚才的观察和经验，都觉得小乌鸦很聪明，它的操作也没有问题。这时候，一个小男生举手说："我不同意这个说法，我觉得瓶子里的水要是再少点，往瓶子里放多少石子儿也没有用。"孩子的这个质疑，表现出非常宝贵的科学精神。这位老师也做得非常好，虽然她刚听到孩子的质疑时并不认为他是正确的，但她没有立刻否定，而是本着尊重和平等探究的态度对孩子说："你一定是主动思考了，我怎么都没有想到，一会儿我们按照你说的情况再做一次实验，看看是不是这样。"后来，老师真的带着孩子们照着这个孩子的想法又做了一次实验，结果验证了这个孩子的观点是正确的。老师一方面很庆幸当时自己没有武断地否定孩子，另一方面也惊叹于孩子们的思维、想象力、见识以及质疑的精神。经过这个事情，老师觉得不管是在教育理念，还是在教育教学的策略方法上，自己都受益匪浅。这说明老师只有坚持教学相长，从内心深处尊重、接纳幼儿，幼儿才能主动思考，主动质疑，形成弥足珍贵的科学精神；教师才能敞开心扉，真诚地迎接幼儿的质疑与挑战，开启思考之门。

还有一次是一节好玩的游戏活动，这个游戏的名字叫333，333是一种教具。我非常认真地进行了备课，自己在家里研究出了6种玩法，觉得已经是极限了。第二天上课的时候，为了看看孩子们的能力和水平，我把游戏的空间和时间给了孩子们，先让孩子们自己探索游戏玩法，结果让我非常震惊，孩子们一共发现了27种玩法，远远地超出了我的预期。孩子们对于自己的成绩也相当自信和骄傲，兴高采烈地向我这个只想出6种玩法的老师传授经验和技巧。当教师给了孩子们充分的自主发展空间，给了他们机会的时候，他们爆发出的想象力、创造力、思考力、实践力，远远比我们预估的要高很多。通过这个游戏，我体会到孩子的主动探究、主动挑战、主动学习的能力一定是在宽松、尊重的环境中发展起来的，通过自己努力而获得的成功，带给他/她的喜悦、自信和满足感是任何事情都替代不了的。老师在这个过程中，也会发现孩子无穷的潜力，并且收获教学相长的快乐。

实现这种教学相长，我认为要做到六点：理念、心态、准备、留白、理答和提升。

第一点是理念。以幼儿为本的理念，落脚点是尊重。作为教师，要尊重自己面前这个受教育群体，尊重他们的年龄特点，包括生命感、心理的特点、天性，保护他们的好奇心和兴趣。

二 "孩子王"与孩子们的相处之道

在我们幼儿园的全托时期,有一个调皮的小男孩,每天满地打滚,到处乱跑,老师想了很多办法都无济于事。但他有个鲜明的喜好,非常喜欢玩汽车,想要很多的汽车。有一次班级做生态剪纸活动,这个过程中老师发现了教育的契机:没有那么多汽车没关系,咱们可以剪一些汽车。这孩子一听,立刻来了干劲儿:"我要剪99辆汽车。"这个中班的孩子,并不知道99具体有多少,但老师还是及时地回应他:"好,我们就剪99辆汽车!"老师还与他一起计划在班级设计一个"99辆汽车展"。这个从来不参与活动的小男孩,开始了沉浸式的汽车剪纸之旅。从此,他喜欢上了老师,执着地爱上了剪纸,在与老师和其他小朋友探讨汽车剪纸的过程中性格也开朗了很多。最后,在他和老师的共同努力下,"99辆汽车展"成功举办。这个小男孩后来就读于人大附中,高中的时候还举办了个人的剪纸艺术展。多年以后,他长大了,有一次见到当年的老师,激动得如同出膛的炮弹一般疾冲而来,紧紧地拥抱着老师,内心的激动难以言表。所以,幼儿教育的一种重要理念就是:教师一定要尊重孩子的天性,这样我们才有机会进入到孩子的内心,卷入到他的活动中,卷入到他的发展过程中,跟孩子形成一个美好和谐的师幼关系。

第二点是心态。教师对孩子表达出来的东西,一定要怀有接纳的心态。当年我怀有7个月身孕的时候,上过一节关于兔子的公开课。我抱着一只小白兔给孩子们介绍这种动物,我告诉他们:兔子有多种颜色,白色、黑色、灰色。在我的印象里兔子就是这些颜色的。这时候有一个孩子大声地说:"兔子还有棕色的!"面对这个突如其来的问题,我没有太多时间思考,没有见过棕色兔子的我,第一反应就是这可能是孩子天马行空的想象,或者只是在某个动画片上看到过。虽然没有时间深思熟虑,但我出于职业习惯——对孩子的尊重和真诚,没有当众否定他,我故作疑惑地说:"真的吗?还有棕色的兔子啊哪?老师没见过,你如果发现了或者在哪里看到的话,一定要给王老师看一看,也让咱们班别的小朋友也看看,大家一起了解一下。"孩子告诉我说家里有一本书,可以带给我们看。下课后,一位听课的老师告诉我,山上跑的野兔就有棕色的,我这才恍然大悟。回顾这件事,如果在课堂上我没有秉持接纳孩子的态度,而是贸然否定的话,那这次我不光会失去听课老师的认可,还会失去我与孩子们之间建立起来的师生连接,以及教育中最有价值的东西。所以教师要在理解幼儿特点的基础上,感恩幼儿对自己的反馈,要悦纳自己,要能从善如流,要有幼儿也能成为我的老师的心态,要有向幼儿学习、为幼儿学习的精神。

第三点是准备。首先要有充分的情感准备,才可能有情感投入;然后老师要具有相当高的专业素养和大量的通识知识,也就是专业准备。以前,我们常说"给孩子一杯水自己要有一桶水",现在更上一层楼,"给孩子一杯水,教师要有长流水。"拥有丰富的知识储备,才能让老师在工作中游刃有余、融会贯通,进而提升自己的幸福指数。这样,不仅能够轻松驾驭工作中的各种挑战，更能从容应对生活中的各种变化。

我园帆帆老师去新疆和田支教时，要给当地的孩子上科学活动课《纸的力量》。因为不了解和田孩子的前期经验，帆帆老师多次跟新疆的老师沟通，查阅和研究了关于纸的力量的很多知识，最后准备出了五个方案，到了和田，又根据不同县、乡幼儿的水平，及时调整授课方案。当看到孩子们在科学活动中专注探究的神情，挑战成功时的笑容，还有告别时的依依不舍，她觉得自己的存在是如此有价值，越发热爱幼儿教师这个职业。为了孩子，幼儿教师对教学是全情投入的，往往看似轻松的一节活动课背后，蕴含着大量的准备和研究支撑。同时，教师个人的知识面和应对不同场景的能力也得到了提高，此外还能在孩子的现场反馈中享受到这个职业独有的幸福。

我们园里还有一个小男孩，在语言和社会性方面发育迟缓，但是老师观察到这个孩子非常喜欢数学。大家在户外活动的时候，他会拿着粉笔在地面上写数学题，像一元二次方程、开根号这样达到中学水平的数学题，他都能游刃有余，乐此不疲。在每次区域游戏的时候，他却总是无所事事。老师看他这么喜欢数学，就向他发起"挑战"，邀请他来一次五子棋对弈。这个男孩却嘟着嘴说："围棋你会吗？我要下围棋。"接下来，这个男孩用了两分钟完胜老师。第二天，小男孩依旧不选择区域游戏，老师问他想玩什么，他不屑一顾：

"跟你或者小朋友下围棋没意思！"为了能让小男孩参与游戏，老师开始苦练棋艺。一周以后，老师再次邀请小男孩对阵，结果还是小男孩险胜老师。但从此之后，老师激发了他的兴趣，他开始追着老师下围棋，还在老师的鼓励下与其他小朋友玩了更多类型的游戏：杯塔挑战游戏、科学探究游戏等等。

通过这两个例子，我想说明"准备"不仅是情感上、专业上的，也包含老师们要做好时刻迎接挑战的准备，要根据孩子们的需要和兴趣，时刻准备着扩充自己的知识面，增长自己各方面的能力和素养。如此，才能自然地实现教学相长的目标。

第四点是学会留白。留白，是中国艺术创作的一种手法。在宋代马远《寒江独钓图》中，湖面辽阔而空旷，只有一艘小小的船悠悠漂浮，大片留白，为观者的视觉带来缓冲，更为人们提供了无尽的遐想空间，久远不疲，使得整幅画作给人留下一种意味深长，余音绕梁的味道。

"留白"这个概念也可以引入到幼儿教育或是师幼互动之中。当孩子在游戏、学习、操作探索的过程中，老师要给予孩子们时间上的留白，让他们能充分地思考、提问；也要在空间上留白，给孩子更多尝试、探索的机会。在我主管业务的时候，有专家来幼儿园指导工作，曾质疑，认为北大的孩子常规不好，积木区里的孩子都趴在地上，老师也不干涉或引导。殊不知，孩子趴着是在欣赏和观察自己刚搭完的作品，看看哪些地方还需要再修改。我亦认可，老师应该给孩子时间和机会换个角度来观察自己的作品，从不同的视角去看待同一个事物，才能产生不同的思考。在集体教学的时候，要做到留白往往很难，因为老师们总是担心时间有限，担心自己的教学计划完成不了，所以总是在赶进度，一个环节接着一个环节往前推进，这就很容易忽视孩子们真正的需要。因而，老师在活动设计及核心目标的落实中，不能一味地为了追求更多形式，贪多贪满，而忽略了幼儿学习的特点和规律。只有重视留白，采用适中的节奏，留足孩子思考和实践的时间和机会，这样才能观察到孩子的反馈，有助于更好地实现活动的价值。

第五点是理答。师生互动过程中老师的理答水平能体现一位教师的专业素质。理答不是简单地重复孩子的回答，而是在梳理提升幼儿的问题、回答的基础上，引导孩子主动地思考、更多角度地思考、更深入地思考。

首先，我们要多用开放性的问题和有意义的追问来引发幼儿积极动脑，发散思维。比如很多音乐活动中，不管是歌唱还是欣赏，可以先问问孩子：你听到这段音乐有什么感受？你听到这段音乐想到了什么？为什么？先尊重幼儿对艺术不同的感受，然后再帮助孩子梳理和提炼经验。

其次，老师要珍视幼儿的反问、质疑和拒绝。前文《乌鸦喝水》的案例已经谈到过这问题，营造宽松的环境，孩子才能大胆地回应。事实上，孩子的质疑和拒绝，其实都是在支撑教师在教学相长中进步和发展。有一次，老师组织小班的孩子们给妈妈"撕面条"。很多孩子都认真地用纸撕着"面条"，有个最小的孩子坐在那迟迟不动。我过去问他："你怎么不给妈妈做面条呢？"这个小朋友口齿清楚地说："这面条都是假的。"这样的事例很多，因为在信息时代长大的孩子，知识量已远超前面时代的同龄人，不仅有个性，而且见识广，老师们千万不能小看他们。因此，老师设计的活动需要与时俱进。同时，也要珍视孩子们的质疑或拒绝，由此引发思考：是不是准备的材料不够真实、具体？还可以用什么策略调动孩子们参与活动的积极性？孩子们的反馈带给我们宝贵的价值，也给了我们不断提高和进步的机会。

最后，我认为有价值的理答能够推动幼儿的主动思考及深入思考。曾经有一次，我带小班孩子上音乐活动，活动的主题是节奏游戏，我带着孩子们一起寻找生活中的声音。我们假装一起开火车，我一边表演，一边模仿着火车行进的声音："火车开来了，轰隆轰隆……"这时候一位小男孩拍拍我说："老师，现在的火车没有声音！"我猛地一惊，才想起现在的高铁早已没有了早期的轰隆轰隆或咣当咣当的声音。面对新时代的幼儿，教师一定要与时俱进！还好，对于孩子的当众质疑我比较有经验，因此我比较冷静，立刻肯定了孩子的说法："你说得太对了，现在的动车或高铁的确非常平稳，行驶时也比较安静。"事后我进行了反思，其实我的理答可以更深入一些：为什么现在的火车没有声音呢？那以前的火车为什么会发出轰隆轰隆的声音呢？这样启发式的理答，说不定能激发起孩子们对机械的兴趣，对科学的兴趣。孩子的话语，激发了我主动思考、反思和学习，在这种相互促进中实现彼此的主动发展。

第六点是提升。教学相长需要教师与幼儿能够互相激发起主动学习的兴趣，引发主动探究的愿望和行动，通过共同研究学习、共同解决问题，实现共同成长的目标，而且这种成长是一种深层次的成长。我觉得这是一件非常美妙且有价值的事情。

比如，小朋友户外活动的时候发现蜗牛、蚂蚁、西瓜虫，于是开始琢磨它们是不是昆虫。面对孩子们的兴趣和问题时，教师要充分表达出对此的关注和兴趣，然后一起研究，共同搜集信息，也可以观察或饲养昆虫。这整个过程就是教师和孩子携手，在探究的过程中共同成长和提升的过程。所以，教师要善于在幼儿的众多问题中检索有价值的问题，追随孩子的兴趣发起活动，推动孩子的主动发展，进而在主动发展中培养学习品质。这些宝贵的品质不但能让幼儿从容面对接下来的小学学习和生活，更会伴随孩子面对日后人生中的各种问题，这就是从小打理好自己的生活，成就自己独一无二的美好人生。

教师应深刻理解并接纳每个孩子成长节奏的独特性，正如花朵各有其绽放的时刻，只因花期不尽相同。在这个过程中，教师所扮演的角色，并非是急于求成的催促者，而是默默耕耘、提供肥沃土壤的园丁，有着"静待花开"的智慧与从容。静，不仅是一种境界和心态，更是教师对待孩子发展的应有态度。需要尊重幼儿的天性，理解他们发展速度的差异，不盲目追求统一的标准。待，并非消极被动的等待，而是充满智慧的守候。教师应追随幼儿的兴趣，不断提升自己的专业素养，以科学、有效的方法等待每一个孩子的发展。教师需要提供适宜的支持，让这些小苗能够自主地、自发地从土壤中汲取养分，勇敢地迎接阳光雨露的洗礼。这样，不仅幼儿能够按照自己的节奏健康成长，教师也能在与孩子的互动中实现教学相长，共同获得主动性发展。

二 "孩子王"与孩子们的相处之道

善用"无为"之道，谨防用力过猛

在幼儿园工作的这41年里，我带了非常多的孩子，也将自己的孩子培养成人，我体悟到幼儿教育一定不能用力过猛。我也曾跟业内人士有过交流，表达过此类观点：在做妈妈或是老师的时候，有时候要表现得"无为"。这个道理与中国的传统文化，与老祖宗的生存之道、育人之道有很多相通之处。

"无为"是先秦时期道家思想的重要概念，其根本含义在于顺应自然规律，不强行干预事物发展的自然进程。它倡导放下个人的主观偏见和私欲，遵循事物的内在规律，以达到和谐共生的目的。这个概念可以借用到幼儿教育中。幼儿教育中的"无为"，并非放任不管，而是不能管得太多。因为自己说的都对，做的都对，就总觉得孩子得听自己的，而不允许孩子犯错误，这样的想法和做法没有科学性。作为成年人，肯定比孩子经历的事情多，拥有更多的社会经验，但不能因为自己的这点经验优势，就觉得自己有资格去驾驭或是全权包揽孩子的成长。首先，一个人不可能掌握所有的道理和知识，也不可能搞定所有的问题。其次，虽然孩子的生长发育有普遍的规律，但是每一个独立的个体都有异于他人的成长轨迹，有自己的特点，正如俗语所说：一娘生九子，九子各不同。即便是拥有同样的父母，生长在同样的家庭环境之中的兄弟姐妹，不管是在思维方式、性格特点，还是兴趣爱好等各个方面，也都可能会有很大的个体差异。教育的过程不是"复制粘贴"，在别人身上行之有效的方法，父母当年亲自验证过的成长道路或体会，用在自己孩子身上很可能就是不恰当的。如果父母或教师将自己的经验总结或从书本上学到的方法全套照搬灌输给自己的孩子，早早地画好了道儿，那就会束缚孩子的成长。因而，我们要给孩子比较宽松、自由、自主的成长空间，给孩子成长的机会、试错的机会，这就是我说的"无为"的含义。反之，就有可能用力过猛，成了揠苗助长，或是过度保护。

孩子的思维发展有自己的规律，如果偏要让孩子超前学习其思维水平达不到的知识，那就是揠苗助长。人体需要均衡的营养，但营养过剩却对身体有害，某一种营养素过剩还可能引起中毒。孩子的成长也是同样的道理，需要适宜的环境，这个环境中既要有必要的营养，也要有一定的风雨。家长或者教师在孩子的教育过程中要关注这个问题：提供给孩子的"营养"适宜吗？提供给孩子的信息是不是太多了？让孩子学习的知识难度适合吗？兴趣班是不是排得太满了？也有的家长出于对孩子的珍爱，往往会不自觉地给孩子过多的保护，就仿佛把孩子置于温室之中，风吹不着，雨淋不着。但是，哪棵树哪棵苗的成长能够不经历风雨呢？没有风雨的历练，它的根能扎得那么深吗？它的枝干能长得那么茁壮吗？没有茁壮的根系和枝干，小苗很容易夭折。

所以，在培养孩子的过程中用力过猛，对孩子不但没有好处，还会给他们造成伤害。有的孩子可能会产生逆反心理：父母越让自己学这些东西，越要求这样做，自己就越不愿意。也许当时孩子为了让父母、老师高兴暂时强忍着，但是一旦能逃离限定的环境，可能就会将心中的愤懑和压抑已久的"毒素"都宣泄出来。有时候这种身心的伤害可能会影响孩子的一生。我不反对在孩子的成长过程中培养他们坚强的意志品质，增强他们的抗挫力，也不是说不要经历风雨，而是要给暂时还很娇弱的小苗成长的机会，而不是在其还很弱小的时候直接将其置于暴风雨之下，这是另一种用力过猛。

数学能力现在经常被用来衡量孩子是否聪明，比如孩子会数多少数，会算什么样的题。为了让孩子快速提高数学能力，可能会违背孩子思维发展的规律。以前曾经有老师用数学儿歌的方法让孩子记住加法口诀：3+3=6，5+3=8，3+5=8，这是一种死记硬背的方法。孩子对数的感知和数学能力的提升是一个循序渐进、水到渠成的过程。《3—6岁儿童学习与发展指南》和《幼儿园教育指导纲要（试行）》要求按照孩子生长发育特点和思维发展规律来设计数学教育和游戏活动，要先从量入手，让孩子感知和理解量的概念，比如大小、长短、高矮等这些浅显的直观概念，然后再慢慢过渡到抽象的数，将具体的事物与抽象的数联系起来。数学游戏来源于生活中的问题或场景，比如宝宝有一个苹果，妈妈也有一个苹果，两个人把苹果放在一个盘子里，盘子里一共有几个苹果呀？第一个问题对孩子来说比较容易，第二个问题可以继续深化，现在只有两个苹果，那爸爸、妈妈和宝宝都要吃，怎么办呢？这个问题就涉及思维训练了。孩子的回答可能是妈妈一个，宝宝一个，爸爸就不要吃了。也有可能是把苹果切了，两个苹果分成四瓣，妈妈一瓣，爸爸一瓣，宝宝要两瓣。也可能会有孩子要把苹果分成很多小块儿，然后再慢慢分。无论是哪种办法，都应该鼓励。从这个渗透了等分概念的游戏中，我们不仅可以鼓励孩子思考，还可以看到孩子思维的发展水平。老师们也会组织孩子们玩测量的游戏，孩子们可以自己选择一种测量工具，去测量生活中各种物品的长度、高矮，然后进行比较。在这个过程中，他们会对长度单位有初步的感知，也会认识到长短、高矮都是相对的。

把数学知识渗透在孩子们的游戏中、生活中，让他们在玩耍的过程中，在实际的应用过程中逐步地学习数学。这样的学习，能够激发和保护孩子们对数学探索的热情和兴趣，也不会觉得有压力。我记得在我的小时候，男孩子的几何普遍比女孩子要好一些，这可能跟他们小时候玩游戏的内容有关系，比如男孩子会比较喜欢搭积木、捏泥巴、玩弹球等这

二 "孩子王"与孩子们的相处之道

些比较有空间感的游戏。所以，这种差别应该与小时候的游戏体验相关。

培养孩子虽然说不需要太用力，但作为父母和教师需要用心为孩子营造一个适于感知、体验、尝试、学习、探索的环境，让孩子们在这个环境中去创造，去想象，他们也就自然而然地朝着正确的方向成长和发展了。

我特别推荐给孩子们玩积木，积木有不同的大小和形状，两个直角三角形可以变成一个正方形，也可以变成长方形，不同形状之间的关系值得孩子们去揣摩和体会，这个过程特别有意思。但一套积木就够了，不需要太多，积木太多了，有时候反而会限制孩子们的创造性，数量有限的积木能激发孩子们想出更多的办法来拼搭。同时，材料并不是越多越好，而是适宜就好。我不赞成在孩子的积木区投放太多的辅材。有些老师为了吸引孩子，喜欢把积木区弄得丰富多彩，除了积木，还会放点儿易拉罐、纸杯子等辅材，这也属于用力过猛。

还有一些比较极端的用力过猛的教学，逼着孩子学超纲，或是超出孩子能力的知识。大班学完一年级的知识，一年级学完二年级的知识，表面上看，这样的孩子就比同龄孩子优秀。学习需要一步一个脚印，不能越级，就如同上台阶，前面一级没有踩稳，后面就容易摔跤。孩子学习的知识水平要与他们的思维发展程度相契合，孩子6岁时大脑的发育水平跟8岁的有很大差距，我们不能让孩子6岁时就去掌握8

岁的大脑才能理解的内容。我的一些国外的朋友跟我说，国外的孩子在读大学、硕士、博士的时候非常辛苦，甚至有时候一天都睡不了几个小时，但是他们都能坚持下来。这是为什么呢？我个人觉得，是因为他们小时候有很多时间玩耍，锻炼身体，练就了强壮的体魄，学习相对很轻松。等成年了，上大学的时候，他们的心智发展也较为成熟了，所以能够承受高强度的学习。一棵小树如果已经扎下了深根，长出了粗壮的枝干，这时候有点儿风雨，丝毫动摇不了它。我非常拥护"双减"政策，尤其对低龄的孩子，这个政策保证孩子们有充足的时间玩耍和睡眠。到大一些的时候，孩子的神经系统的发育相对成熟，就能够逐步承受一些学习压力。

除了用力过猛，教育还有的时候会用力不当。我身边有很多朋友为了提高孩子的作文水平给孩子报作文培训班，而这样的培训班往往是模式化的教学方式，程式化的训练。在我看来，每个人对同样的景色或事物的感觉和体会是有差异的，这种差异才是文学的生命力。写作能力强的孩子，一定是阅读量大、爱读书，且喜欢思考的孩子。读了足够多的好作品之后，文章自然地就从心中流淌出来了。除了阅读量，写好作文还离不开生活体验，就好像一位演员要扮演一个角色，为了更好地塑造这个角色，他需要创作。而创作的源泉就是生活，演员必须有充分的生活体验。写作也是一种创作，孩子如果没有捉过小昆虫，没有观察过蚂蚁窝，没有玩过泥巴，缺乏真实的生活体验，写出来的东西就不会生动，就没有生命力。一个孩子没有真的爬过山,没有品尝过为了登顶累得筋疲力尽的感觉,就不会知道下山时腿是哆嗦的,就写不出真实的体验。

我坚信,不管是家长,还是老师,在教育孩子的过程中,都需要恰到好处地掌握力度,既不能用力过猛,也不能用力不当。与其用力,不如用心。我们要用心地陪伴孩子,共同分享阅读的乐趣,一起嬉戏玩耍,登上山顶,奔跑在草地,漫步于河边,一同去观察、去探索、去体验大自然的瑰丽多彩和生活的百般滋味。这样的陪伴,不仅有助于孩子的全面发展,更能让他们感受到深厚的爱与关怀。

葆有童心和游戏心

　　幼儿教师要葆有一颗童心，一颗游戏心。"童心"意味着教师需要保持对世界的好奇与探索，用孩童般的眼睛去观察、去发现、去体验生活中的点滴美好，这样更能理解他们的内心世界，更能与其建立起亲密无间的情感联系，从而在教育过程中更好地引导、陪伴其成长。"游戏心"意味着需要教师将游戏融入日常教育中，让孩子们在轻松愉快的氛围中学习、成长。一颗游戏心使教师能够设计出富有创意、充满趣味的游戏，让孩子们在游戏中自然而然地掌握知识和技能，从而培养他们的学习兴趣和综合能力。我时常跟老师们讲，要认真地对待人生、对待工作，要认真地带孩子，但并不是说要行为刻板，事事较劲儿。这个道理，我深有体会。

　　年轻的时候，我就比较较劲儿，总是着急完成各种任务，对于孩子们这节课学会了多少东西，掌握了多少内容，非常焦虑。如果有孩子没掌握，我恨不得给孩子补课。后来随着不断地学习、实践，教育观念在进步，我也做了妈妈，更深入地了解 3—6 岁孩子的发展情况。一个班的孩子，长相各不相同，脾气秉性不同，兴趣特点也不同，能力展现也不同。

我们说要从小培养孩子的专注力，孩子将来才能在各种学科知识的学习，或是在今后的工作中获得成功。专注，不仅限于写作业的专注、练习 20 以内加减法的专注，而在拼插游戏、搭积木等各种各样的游戏活动中，都能看出孩子的专注力。在幼儿园里，教师不应该为孩子学了什么而较劲儿，幼儿能够专注地玩，专注地琢磨一件事，能够捣鼓出东西来就非常棒了。以搭积木为例，不同数量、不同形状的积木有相当多种的拼搭方式，孩子们在尝试、琢磨和研究每一种形状，都是在为未来的立体几何打基础。教师要做的就是给孩子创设宽松和好玩的环境，让孩子专注地玩起来。当然，教师如果能加入适当的指导和引导，就更好了。

教师要想深度卷入孩子的游戏活动中，让孩子把自己当成玩伴儿，就要具备一颗游戏心。幼儿玩的时候，教师要允许他玩，要愿意跟他玩，而且教师对孩子玩的东西也要充满兴趣。教师要想在游戏过程中给予幼儿适时适度的支持和鼓励，需要对玩具非常熟悉，这是教师游戏心的一个方面。

教师游戏心的另一个方面表现在与孩子互动的过程中情感和专注度的投入，游戏不仅仅是一种教学手段，更是教师与孩子建立深厚情感纽带的关键方式。如果教师跟小班幼儿说，"你跳起来像一只梅花鹿呢。"孩子一定会像梅花鹿一样，欢快地跳跃着来到教师的身边。孩子还会觉得老师特别有趣，愿意跟老师有进一步的互动。如果在活动室里，想让孩子轻轻走路，我就会说："小梅花鹿走路时小脚丫子落地特别轻，轻轻落地还会保护小脚丫。"孩子们很快便变成一只只温柔安静的梅花鹿。

　　教师应随时随地表现出这种游戏心，并将其渗透到一日生活的方方面面。比如，针对幼儿不爱喝水的问题，一位有智慧的老师就在喝水环节玩起了"卖饮料"的游戏。老师拿着容器装作叫卖的老板："谁爱喝果汁啊，这里有香甜的果汁，有苹果汁、草莓汁……"孩子们都被老师夸张的声音吸引了，也投入到这个游戏之中，你一杯，我一杯地喝了起来。如果教师只会严肃地对孩子们讲道理："喝水对身体是有好处的，喝水能让你们少生病。"这对孩子们几乎不起作用，因为这种语言不能激发起孩子们对于喝水的兴趣或动力，尤其是对于年龄较小的幼儿。

　　因而游戏心既能让活动更有趣，也能拉近教师与孩子们的距离，使得教师们提出的要求更易于被孩子们接受并高效地执行，使得带班工作更加轻松了，也更加活泼有趣。一个新入园的小朋友不爱入园，不愿意上楼，我看到了，就过去跟他做游戏："宝贝儿，你看我的步子可大了，我能一下迈两个台阶。"孩子觉得新鲜，也试着迈两个台阶。我由衷地赞赏道："你太棒了，你也能跨俩呀！我以为你只能跨一个呢。我们一起比比吧！"然后我俩就一起玩跨台阶的游戏，慢慢地他就把坏心情抛到九霄云外，愉快地进班了。

二 "孩子王"与孩子们的相处之道

我做园长的时候,在院子里碰到孩子们。有的老师特别想让自己班的孩子跟我打招呼,觉得没打招呼丢了脸面,催促道:"孩子们,快叫王老师好,快叫王老师好啊。"但是有些孩子生性腼腆,老师怎么激励都不愿意叫,搞得老师和孩子都觉得尴尬。这时候,我就会过去打圆场:"小宝忙着呢,一会儿就会跟王老师打招呼了。今天太冷了,冷冷的空气把小嘴巴冻住了,需要揉两下,嘴巴暖和了就可以打招呼了。"在类似这样的互动中,孩子们会慢慢放下拘谨的态度,跟我有说有笑,甚至搂抱在一起。

游戏心还能让老师走进孩子的内心世界,用孩子的眼睛看世界,用一颗童心想问题,去感受和欣赏童心世界里的纯真和美丽。有一个班的小朋友们养了几条小金鱼。一个冬天的早上,老师想给小金鱼换水,可是找不到鱼缸了。找来找去,老师发现鱼缸不知被谁放到了暖气上,鱼缸里的水非常热,有一条小鱼已经肚子朝上,没有了生命迹象。老师赶忙把鱼缸从暖气片上拿下来,换了水。孩子们吃完早饭开始区域活动时,有孩子发现小鱼少了一条。于是,老师就跟孩子们聊起小金鱼的事情:"大家都猜猜看,那条小金鱼去哪里了?"等孩子们设想出了各种答案之后,老师从一个小盒子里拿出那条已经死了的小金鱼给孩子们看,把当天早上发生的事情给孩子们讲了一遍:"因为班里的暖气片很热,鱼缸在上面放了一夜,水变得特别热,小金鱼热死了。"小朋友们都很伤心。这时候豆豆怯怯地说:"老师,是我放的。"老师继续追问:"那豆豆为什么把鱼缸放在暖气上？能和我说说吗？"豆豆说："因为天太冷了，我们有棉袄穿，小鱼没有，多可怜啊，我把它放在暖气上，水就能越来越热，这样小鱼就不会冷了。"

那一刻，老师被豆豆天真又温暖的话语感动了。孩子的心灵是那么美好、纯真，他们愿意用自己的力量帮助小鱼，这是多么可贵的情感和愿望啊。"豆豆，我们知道你是心疼小金鱼。我们不会怪你的。但是小金鱼是不能穿衣服的，因为它很怕热。"小朋友们纷纷安慰豆豆。老师也趁此机会对孩子们说："孩子们，为了更好地照顾好我们的小金鱼，咱们回家后一起查查资料，看看究竟怎么照顾小金鱼才能让它们生活得更好？看看什么样的温度是它们最喜欢的？"

游戏心本质上也是对孩子们内心世界的尊重，了解了孩子们的想法，教师就更容易找到孩子们的兴趣所在，知道孩子们在意的是什么。上面的例子中，这位老师成功地顺着孩子们的思路和想法，从一个小小的事件衍生出科学探究活动。

有了这颗游戏心，就能顺利地走进孩子的内心世界，你就会理解为什么丹丹会打开水龙头，一直看着水在流——原来老师给孩子们讲了要节约用水，不然地球上的水就会干枯了，而她只是想看看水真的会流干吗？你就能理解为什么孩子们要把死去的小鸭子种在地里——他们希望种下一只鸭子，来年就能长出很多只小鸭子。教师的游戏心不仅仅是一种教学手段，更是一种教育理念，它能够让教师在教学中更加关注孩子的成长和发展，为他们的未来奠定坚实的基础。

美妙的音乐活动

我特别喜爱和擅长音乐活动，年轻的时候我上过很多观摩课，尤其是音乐活动观摩课。上好音乐活动课难度不小，需要一名教师具备非常全面的素质。首先，老师要对音乐课的规则非常熟悉。其次，老师要具备较高的音乐素养，熟练掌握相关的技能技巧。早期的音乐课不用录音机，需要老师用琴声带动整个课程，因而教师不仅要具备较高的钢琴或手风琴弹奏技巧，而且要有用音乐串联课程，带动课堂气氛，掌控课堂节奏的能力。最后，老师还要善于组织教学，能够调动孩子对音乐艺术的兴趣和喜爱，在音乐活动的过程中要抓住机会培养孩子们的音乐感受力、欣赏力和表现力。能够组织好音乐活动的老师一定是一个能力全面的老师，除了课前做好充分的准备，面对课堂上可能遇到的各种突发情况要随机应变，把控全局，实现本课程目标的同时，要做到尊重孩子，让孩子们在音乐美的氛围中享受这一节课。

那时候，给我配班的一位刘老师曾经说过，不管我正干什么活儿，只要王老师上音乐课，我就愿意暂时停下手里的活儿，参与进去，因为王老师的课对我来说就是一种享受。我上课的时候，她确实也特别配合，乐在其中，比如我们玩小火车的音乐游戏，她就会主动要求做火车头，我还会表扬她这个火车头不光结实，还动力十足。这样的一节音乐课对师生来说都是一种享受。

带班的那些年，我对音乐活动的研究和实践比较多。我的感受就是，如果你真的热爱某样事物，对自己的事业满怀激情，并且能够与之融合在一起，与班级中的孩子们以及老师一同分享这个美妙的旅程，这无疑是人生中最幸福、最满足的时刻。我带过很多的孩子，有的带了三年，有的是从中班接手，毕业的时候，他们的音乐素养普遍都有很大提升。有的班上的孩子都能组成一个小乐队，有的孩子架子鼓打得特别好，有的孩子能够演奏不同的乐器，还有的唱歌特别好。

自从奥尔夫教学法传到了中国，我在教学中就借鉴了其中的精华，并创造性地加以利用。奥尔夫教学法讲究节奏教学，我就带着孩子感受音乐的节奏，让孩子们对音乐有更深的领悟。早些年，物质条件没有现在这么好，乐器种类也没有那么丰富，我就带着孩子们寻找各种能够当作乐器的材料，竟然也能从中找到无穷乐趣。比如，用一张纸的沙沙声模仿沙锤的声音，敲打小椅子发出哒哒的声音，跺跺脚也能发出非常有节奏的嗵嗵的声音。后来，我们往易拉罐里装东西，

二 "孩子王"与孩子们的相处之道

做成简单的小乐器,往里面装不同的东西或是不同量的东西,发出的音响效果都是不同的,孩子们就利用这些简单的工具玩音乐。现在很多新生代的音乐人,他们就是从小时候,尤其是青春期开始玩音乐的。这些音乐人由对音乐产生兴趣,到沉浸其中,并将之融入自己的生活,因而有了对音乐和人生的理解,最后创作出优秀的作品。当然,幼儿园音乐活动的目的不能太过狭隘,不是为了培养演奏家或歌唱家,音乐活动目的就是让孩子享受过程,感受音乐的美,并且在这个过程中发展他们的想象力和创造力。

非常遗憾,当时我的观摩课留下的影像资料太少了。我接待过各种规模和层面的专家以及同行的观摩,有兄弟单位的,也有外省市的,每一次我都能够给他们惊喜。好多比我年轻的老师,比如我们园的罗老师,还有和她年龄差不多的一些老师上学期间也都来观摩过,或实习期间看过我的音乐课。他们说,看王老师的音乐课,就觉得是在看一场大戏,看完以后有种看了一场演出的满足感。

当然,我也会看别人的观摩课,有一位天津特级教师的课,也有来自上海和南京的一些有名的教师的课等。我觉得他们的课跟我的有很多不一样的地方,有的人上课表演的成分太多,这一点我不太喜欢,因为我觉得艺术类的课程一定要表现出美感,一定是源于内心的,发于自然的。我看过一位老师的舞蹈观摩课,这节课分成两个部分,第一部分是复习一段舞蹈,第二部分是学习一段新的舞蹈。这节课的感觉就是孩子们在给观摩的老师们表演一个非常完美的舞蹈。但是，在我的音乐活动中，孩子们的肢体动作或音乐表现，没有固定的动作或套路。比如，我先让孩子们欣赏《四小天鹅》的天鹅舞曲，之后我会让孩子们跟着音乐按照自己的理解，像小天鹅一样跳舞。孩子们就会跟着音乐舞动，舒展肢体，表现出的完全是他们自己对这段乐曲的理解、感受，是他们自己的艺术表达。那时候孩子们是 7 岁上小学，所以在幼儿园时的年龄也比现在大一岁，他们已经具备了很好的表现力。听到这段舞曲，他们就会联想到自己看到的芭蕾舞演员的动作，联想到自己在电影或动物园里看到的天鹅游泳的样子……然后就会有不同的姿态：有的"小天鹅"在跳舞，有的在飞翔，有的在游泳，有的在摇头晃脑……孩子们的表演经常带给我很多感动和启发，因为他们感受到的东西经常与我想到的是不一样的。可能成年人已经有了思维定式，想象力也更加狭窄，而孩子们表现出的却特别新颖、可爱、有味道。

只要老师给孩子们自由想象和表达的空间，他们的表现经常会出人意料。记得有一次看一位年轻老师上音乐活动，活动主题是小虫子。老师让孩子们做动作表现一只小虫子的样态。在我的想象里，就是用一只手来当作虫子。可是有的孩子却别出心裁地趴在了地上，整个身子一拱一拱往前蠕动，活脱脱一只大个儿的毛毛虫，那模样真是既生动又可爱，让人忍俊不禁。

二 "孩子王"与孩子们的相处之道

  年轻时候的我素来热衷于迎难而上,音乐活动是最不容易组织的活动,需要教师具备较为全面的能力,因而我一定要迎难而上去挑战。同时,鉴于我自身对音乐的深厚热爱,又恰逢能力与之匹配,音乐活动对我而言,已然超越了单纯的挑战范畴,反而转化为一种愉悦身心的享受,更是一次与孩子们心灵深处交流的美妙旅程。

适度的宠溺与淘气

我做一线教师时，对待孩子有两个显著特点。

第一，我比较关照年龄小一点、能力弱一点的孩子，有时对他们甚至可以说是宠溺。多年以前，幼儿园接收托班，托班孩子入园初期，我们都会去协助班级教师。那个时期的红旗托儿所，五个班全是小不点儿，我没有办公室，于是就像"长"在班上一样，跟班级老师一起陪伴、照顾这些孩子。遇到年龄特别小的孩子，或者身体羸弱一点的孩子，我就会特别关注其状况，多一些支持，多一些呵护。小伙伴们都跑到前边去了，他跟不上，我就会去拉起他的手，甚至会抱起来。我觉得这可能就是人的天性，也是善良品性的一种表达。这种情感，也为我后来带领团队做特殊需要儿童的融合教育，奠定了基础。

记得班里有一个小男孩，吃饭特别慢。当时的保育员老师就比较着急，我就主动揽过来，我说我看看。于是我就陪着他吃饭，同时仔细观察这个孩子。我轻声跟他聊天："饭好吃吗？""好吃。""先小口小口地吃。"我在旁边耐心地等，发现他一直在咀嚼，但是没咽下去。我说："你张开嘴巴我看看。"食物已经被他嚼得稀烂了，但就是含在嘴里咽不下去。于是，我就拿起馒头，嚼了嚼，咽下去，请他看我吞咽的动作。反复示范两三次后，他还是不会咽。看到他有点紧张了，我故意扭开头。一会，我再次拿馒头，一边偷偷观察他的动作，一边自己继续尝试咀嚼的动作。嚼着嚼着，我就发现问题了：他只把食物放在口腔的前面，也就是靠近门牙的位置，食物不会自然地进到后槽牙的位置，也就不会随着吞咽反射进入食道。发现了这个症结，我就引导他把食物送到口腔后面，用后槽牙咀嚼，很自然地就吞咽下去了。因为心疼孩子，我特别关注这个孩子的吃饭问题，并且会去琢磨和研究老师们的保教行为。经过不懈的努力，这个孩子的饮食有了很大进步，我也跟孩子妈妈建立了良好的沟通，建议父母找医生做了脾胃方面的调理，后来这个孩子就越长越壮实了。

  第二，我鼓励孩子淘气。我一直认为小孩子就应该淘气。我自己小时候，虽然是女孩，可是我也挺淘气。大人会很传统地教育我，要像个乖女孩，坐有坐相，站有站相，躺着也要有躺的样子，要在行为上约束自己。但是内心很淘气的我却并不当回事儿。我特别喜欢有挑战的事物，如果面前有两条路，一条有多个台阶，另一条是高台，我在心里判断没什么太大危险，就会选择从高台上跳下去，而放弃走安全的台阶，即使到了现在这个年纪，我有时候也会尝试跳一下台阶。

到了上学的年纪，我的淘气又变了方式，经常在上课的时候接老师话茬儿。很多同学对政治课不感兴趣，我却竖起耳朵认真听，因为我热衷于接老师的话茬儿，时不时地插一句嘴。相对别的同学都有点儿无精打采，老师反而就会一直看着我，充满热情地娓娓道来。这种跟老师的呼应，我觉得特别带劲，因为经过了思考，知识也很快就印在脑子里。现在的我依然如此，爱表达，爱质疑。

幼儿园里孩子们玩各种游戏前，老师们都会提出一些安全规则，因为孩子多，老师们担心出危险。就拿玩滑梯来说，我之前也不敢让孩子倒着爬滑梯，特别担心孩子摔着。但有一位同事，她在做好充足的安全措施的前提下，却鼓励孩子们倒着爬滑梯。这种方式让我特别欣赏，也给了我很多的启发。那时候，幼儿园院子里玩具相对匮乏，大型玩具也比较简陋，但是他们班的孩子却能玩出花样来，所有男孩子都可以倒着上滑梯，肢体动作特别协调，身体结结实实的。于是，我就学了这个办法，带班的时候也让孩子们倒着上滑梯，既满足了孩子们的好奇心和挑战新鲜事物的好胜心，也锻炼了身体的协调性，孩子们都很高兴。

允许孩子们淘气，才能激发出孩子们对游戏活动的兴趣和创造力，以及天马行空的想象力。户外活动时，老师和孩子们一起设计一些障碍物，在保障安全的前提下，让孩子们尽情玩耍，充分地体验挑战带来的乐趣和满足感。在音乐游戏活动中，孩子们跟着节奏活蹦乱跳，可能没那么整齐，或

二 "孩子王"与孩子们的相处之道

许还会出花样、出怪样,但是只要不妨碍安全,我从来不阻止,甚至还会鼓励。不同于其他有的幼儿园孩子们齐刷刷的一模一样,我们的孩子就七扭八歪的,用他们自己的方式感受节奏,表达情绪。

这样的故事数之不尽:孩子们喜欢树叶,我们就让他们在户外活动时捡了装在兜里;院子里伐树,我们就请师傅锯成树墩,孩子们趴在上面玩泥巴;在建筑区,孩子把脸贴在地面上观察、研究,因为站着、蹲着、趴着,角度不同,看到的效果就不同。总之,不要害怕老师"宠溺",孩子"淘气",我认为应该始终秉持着一种开放与包容的教育理念,允许孩子在自由、宽松、无拘无束的氛围中,身心得到充分的放松与舒展,才能无所羁绊地探索世界的奥秘,释放自己的好奇心和创造力。

让孩子感受到爱和尊重

我认为人与人之间的情感是相通的,不管是与孩子之间,还是与家人、朋友、同事或者家长之间都是如此。这种相通,就是在相处过程中表现出来的个人的善良、尊重、美好和温暖。

孩子们是非常敏感的,我们与他们相处时,一定要发自内心地展现出这些情感,表达出对孩子的喜欢和爱,否则孩子是感觉不到的。孩子虽然年纪尚小,但切勿轻视他们的洞察力。教师对他们的爱意,是浮于表面的敷衍还是发自肺腑的真情,他们心中自有一杆秤,能够精准地分辨出来。多年前幼儿园有一位年轻的漂亮老师,不仅容貌出众,还有非常强的业务能力,无论是唱歌还是跳舞,都能信手拈来,处理日常工作也能游刃有余。但询问孩子喜不喜欢这位老师,孩子却说,我不喜欢,我喜欢另外一位王老师。为什么呀?孩子说因为王老师总是陪着我午睡。

大多数小孩子会本能地喜欢容貌俊俏、能唱会跳的老师。与这些外在的因素相比，王老师虽然相貌并不出众，但她用日常生活中的点滴关怀和温暖，让孩子们真切地感受到了爱的力量。有了爱，就有宽容，能让孩子感到放松，能够体会到被关注。这样的老师才是孩子心里的好老师。

早些年，不管是在幼师上学的时候，还是在工作岗位上，我们学到的幼儿保育的知识特别多，因为保育工作在幼儿园全部的工作中中占绝大部分比重。保育工作，主要是对孩子们细致的关爱和照顾，这最能温暖人心，也最能拉近老师和孩子的距离。我记得有个叫小峰的小男孩，当你问他最喜欢哪个老师的时候，他每次的回答都是最喜欢陈老师。为什么呢？他说因为陈老师中午午休时允许我们去尿尿。听到这个回答，我的心里有一种隐隐作痛的感觉。尿尿对孩子来说是最基本的需求，却给孩子留下了最深刻的印象，给孩子带去了最大的温暖。陈老师只是一位很普通的老师，各方面表现都不突出，但因为这件小事，她走进了孩子的内心。

幼儿园现在的年轻老师也遇到过类似的问题，小伟老师就曾经发出过这样的感慨："走进孩子的内心，从孩子的角度理解他们的感受，帮助孩子解决他们最在意的问题，才是对孩子最大的尊重。"她的这个感慨或是感悟来源于一位名叫豆豆的小朋友。

豆豆刚上幼儿园时，对在幼儿园上厕所这件事情非常抵触。吃喝拉撒是一个人最基本的生理需求，不把上厕所这个问题解决，以后怎么适应幼儿园的生活呢。第一天上幼儿园的时候,豆豆因为不愿意去厕所把裤子尿湿了,小伟老师一边安慰,一边给她换了干净的裤子。第二天午睡前,别的小朋友都在老师的提醒和陪伴下上了厕所,可是豆豆仍然拒绝去厕所。小伟老师以为她不适应多人一起上厕所的环境,就一直等到其他小朋友都上床了,再去引导她。豆豆这回却说:"厕所太脏了,我不要,太臭了。"老师以为找到了她不如厕的原因,挺开心,在豆豆的注视下,赶紧把小便池里里外外刷了一遍,又消了毒。可是豆豆仍然拒绝上厕所。小伟老师没有办法,只好让她先上床,一边继续劝解和安慰,告诉她如果想上厕所,随时可以叫老师。其实豆豆一直憋着尿,所以她并不能睡踏实,老师也不踏实,一直关注着她。整个午睡期间,豆豆一会儿说要尿尿,然后又拒绝去厕所,一会儿又要找妈妈,小伟老师不断地安慰,不断地分析原因,并尝试不同的办法,包括给豆豆妈妈打电话、带豆豆去幼儿园里有门的成人卫生间,但都以失败告终。

眼看着午睡时间快结束了,小伟老师知道豆豆其实已经很想上厕所了,内心也很焦虑。于是,趁小朋友没起床的时候,就悄悄地给她穿好衣服,说:"豆豆,我们去外面玩一会儿吧,去看看可爱的小兔子和小蘑菇?"小伟老师就带着她在院子里边溜达,边聊天,然后走到院子里的小木屋儿童厕所,抱着试一试的心态就陪她一起进去了,结果她看着小便池,立刻说:"我要尿尿。"老师赶紧帮她脱下裤子,终于顺利解决了为难了一中午的问题。尿完之后,小伟老师就和豆

二 "孩子王"与孩子们的相处之道

豆手牵手,轻轻松松地连蹦带跳地回班了。之后,老师就这个问题跟豆豆妈妈做过多次沟通,了解豆豆上厕所的习惯,班级老师每天晚上下班后都会在班务会讨论帮助豆豆适应厕所的问题。在大家的共同努力下,豆豆成功地破除了内心对在幼儿园如厕的心理障碍,逐渐地能够自然地在班级上厕所了。在豆豆最需要的时候,小伟老师一直温柔地陪伴在她的身边,帮她克服了内心最大的顾虑,就这样,走进了豆豆的心里。

还有一件事也给我留下非常深刻的印象。我带班那会儿,班额特别大,中班42个孩子,一个班三位老师。教师要驾驭整个班集体,本身就有难度,再关注到每个孩子,工作量可想而知。年轻老师有的时候会容易关注某种类型的孩子,比如长相乖巧可爱的,或是机灵能干的,或是特别聪明的,或是喜欢跟老师互动的孩子,同时,往往也会不自觉地忽视一些孩子。

当时的我对孩子们也有偏爱,我特别喜欢班里的一个小女孩儿。她是班里最小的孩子,个子不高,学东西却特别快,吃饭、洗手、排队等生活活动中表现得特别专注、利索,所以排队时她经常会抢在第一名,我顺手就会拉着她的小手,有时候还会把她抱起来。渐渐地,她好像适应了这种娇宠,从而导致了一个事故的发生。

有一天,她没排到第一名,但是她却跑到第一的位置,非要排第一个。已经排第一的孩子不愿意让开,因为她也想让我拉着手。于是，两个孩子就起了冲突。在我整理队伍转身的一瞬间，这个小女孩推了这个已经排第一的小女孩，排第一的这个小女孩差点摔到楼下去。还好，我一把拽住了，也吓出了一身冷汗。

对这件事儿，我有点生气，也开始反思自己的做法。我觉得，我爱你疼你，你却因为我的爱"恃宠而骄"，做出一些过激的行为，我严厉地批评了她。午睡前，她迟迟不上床，脱衣服、上厕所的动作都很慢，表现得非常沮丧，还时不时偷偷地瞄着我。等到大家都上床了，看她还没上床，我问她："你怎么还不上床睡觉呢？"结果她就慢慢蹭到床边，突然一下就哭了起来，抱着我说："王老师，我错了。王老师我错了。我不该推别人。"我们师生之间就开始了一段对话，我给她讲了一会儿道理。讲完道理之后，她就低着头揪着我的衣服。我一看她肯定是明白了，于是就给她擦了眼泪，洗了脸，然后又把她抱到床上。她的小脸蛋立马就晴朗起来了，高兴地睡觉了。

这件事情过后，她还是会来找我，因为她知道我是爱她的。虽然我批评她了，甚至跟她"冷战"了，但是她仍然过来承认错误，寻找心理安慰，我觉得这就是师生之间的爱，平日里她能够体会到我对她的这种爱。试想，如果孩子在日常生活中未能深刻感受到老师对她的关爱，那么在遇到类似的事情时，她可能会在心里对老师产生怨恨或记恨的情绪。

二 "孩子王"与孩子们的相处之道

所以老师面对小孩子可以恩威并重，可以批评，这一切的基础是一定要让这孩子体会到你对他有足够的爱。举一个特别通俗的例子，自己的父母足够爱我们，我们淘气了，父母或许会拿着笤帚疙瘩追着打，有的时候屁股都被打肿了，但我们依然觉得爸妈亲。爸妈的批评、提的要求，我们是可以接受的，也是乐意接受的。倘若在马路上被一个陌生人动手打一下子，即使不疼，你也会心生愤怒，没准跟人家干起仗来。

这个故事也让我从另一个角度进行了反思：老师不能独宠一人，只看到某类孩子，这种做法对被宠的孩子并非好事。如果长期这么下去，这个孩子到了小学，甚至进了社会，得不到独宠，她的心理和行为会不会产生断崖式的变化呢？事后，我也跟这个小女孩的家长进行了沟通，父母也非常赞同我的想法，我们达成了一致理念。

这个故事让我感触良多，我更加坚信，对孩子一定要宽容和疼爱，而且要让他感受到你的爱，让孩子真正喜欢上你。然后师生间的互动，才能是正向的，才能更有效果。老师应该用爱去温暖每一个孩子的心灵，用宽容去包容他们的不足，用智慧去引导他们身心健康地走向未来。

一碗水要端平

我们面对孩子的时候，应该努力做到一碗水端平，做到不偏爱，保持公正。这话说起来容易，真正要做到这一点其实并不简单。

俗话说，爱美之心人皆有之。喜欢可爱的、漂亮的、美丽的东西是人的天性。作为老师，当你面对一个班级几十个小朋友的时候，难免自然而然地会更喜欢那些娇小可爱、气质萌萌、面容甜美、聪明伶俐的小女孩儿。有的孩子还特别会表达，说出一些悦耳动听、令人心花怒放的话语，让人感觉格外愉悦和舒适："王老师我又想你了，我昨天做梦都梦见你了。"听到这样的甜言蜜语，老师会激动地把这个孩子揽在怀里，心里还会甜滋滋的。可是，有的孩子就是天生内向，不擅长言辞表达，在幼儿园待一整天，可能都是冷冰冰的态度，不会主动跟老师说一句话。对于这样的孩子，老师就可以忽视或不喜欢吗？

我认为作为专业的幼儿教师，应摒弃倾向性的喜好与选择，而需展现出更为职业和专业的态度。面对每一个孩子时，都应保持一致的微笑，流露出同样的温暖，以专业的教育素养和情感投入，助力孩子们茁壮成长。

我带的班有时会有40多个孩子，我特别担心会不自觉地忽视某些孩子，不能让部分孩子感受到我对他们的爱和关注。怎么做才能雨露均沾到所有的孩子呢？为此，我设计了一个小环节，早上来园的时候，每个小朋友都可以坐在我的腿上，跟我唠几句，说一些最想跟我说的话。实在不想说话，也可以跟我搂在一起，抱一会儿。在这个环节中，孩子们的表现五花八门，有的就趴在我的耳边特别小声地说："王老师我想你了。"有的悄悄告诉我："王老师，我爸妈昨天又打架了。"反正不管他说什么，说的内容不重要，重要的是孩子们有同等的机会和老师亲近，平等地和老师分享高兴的事情或者心中的小秘密。这样一个固定的环节，一个固定的拥抱的动作却真切地让孩子们感受到了我对他们平等的关注与爱。

孩子们的个性不同，有的外向张扬，喜欢表达情感，喜欢表现自己，喜欢成为全场的焦点；有的却是腼腆内敛的，老师对他的关注和爱太过热烈或张扬，反而会让他不自在，更加拘谨。所以，老师面对不同个性的孩子在表达关爱的时候也要因人而异，注意方式方法。

我记得曾经有位老师分享教学经验，她说，要给那些不太爱发言的孩子机会，因而她会在课堂上故意说："下面这个问题，我要邀请不举手的小朋友回答。"虽然我并没有当场反对，但其实我不赞成她的这种方法。没有举手的小朋友本来就有压力，老师这样一说，孩子的压力就会更大了，往往会更加紧张，低着脑袋脸涨得通红。孩子们不主动举手回答问题，一定有内在原因。对于成人来说，同样有人不愿意成为集体的焦点。我妹妹年轻时在精工厂工作，面对非常精密的仪器，需要心灵手巧，反应敏捷，恰好她在这方面出类拔萃。但是，每年评比最快能手时，她都没能成为冠军。我问妹妹："你为什么没得第一名呢？"妹妹说："如果我想得第一，分分钟就可以。可是，我就是不想。"我想，妹妹能够理解"木秀于林，风必摧之"的道理，她不想成为那个被众人关注的焦点，因为那样她会觉得不舒服。

　　因此，我们要真正地读懂孩子的内心世界，需要将心理学和教育学的一些理论吃透，再应用到教学实践之中。孩子心理发展的特点就决定了每个孩子心理发展速度不同，因为当我们面对一名6岁的幼儿时，他的心理发展的水平有可能是3～11岁。面对不爱主动表达的孩子，不要跟他较劲儿，可以通过其他办法做一些调整和改变。比如对不举手、不回答问题的露露，我就在游戏活动时跟她说："露露，王老师发现你今天头发扎得很好看。"借机打开话题，我跟她一对一很亲近地聊一聊，聊一些与教学活动内容相关或者不相关的一些问题，她也可以用点头和摇头这样简单的方式来表达，慢慢地她跟我说得越来越多。还有，针对不爱说话的孩子，我会请他在活动结束后，帮我收拾材料。在集体教学中主动发言是一种参与，帮忙收拾东西也是一种参与。可以让孩子以

二 "孩子王"与孩子们的相处之道

更适合他的方式参与到活动中来。

在活动现场,老师或许顾不上分析每一个孩子不主动回答问题的真实原因。事后,老师要耐下心来跟这些孩子进行各种各样的交流和互动,走进孩子的内心世界,才有可能帮助他们排除障碍。曾经班里有一个叫丁丁的小孩,由于父母都很忙,他是由爷爷奶奶带大的。在幼儿园里,他总是怯生生地。集体活动中,我邀请他表演,这对他来说特别困难。有一次年底搞新年活动,我想鼓励他表演一个自己擅长的项目,以此增强自信。经过与家长的沟通,我了解到丁丁在家里特别喜欢模仿走模特步,而且走得特别好。我灵机一动,于是悄悄地问他:"你是不是喜欢观看时装表演啊?听说你模特步走得特别好。"丁丁一下来了劲头,说:"是呀,因为模特走起路来酷酷的。"我说:"那什么样子是酷酷的、帅帅的?王老师好想看看。你能让我看一下吗?"丁丁使劲儿一甩头,说:"就是这样一甩头。"这样一步步引导和交流下来,丁丁越来越自信,在新年活动中成功地进行了表演,他的这个节目赢得了满堂彩。之后,我发现他与小朋友的交流也越来越多了。

作为老师,还要学会站在孩子的角度去思考,用心体会孩子的内心情感,公平公正对待每一个孩子,孩子才能真正感受到被尊重和爱。

记得有一次两个经常发生矛盾的孩子又起了争执,看到哭得歇斯底里的天天,我下意识地转头对向来强势的明明说:"你俩又吵架了吧,你看天天都哭那么伤心了,快跟天天说对不起。"这时明明噘着嘴,玩弄着自己的手指,却硬是不开口。我以为是明明倔强,不肯道歉,又再次提醒:"明明,做错事了就要道歉啊,你们俩是好朋友,天天肯定会原谅你的。"谁知,一向好强的明明,头越来越低,一滴眼泪落在了他的鞋子上,居然哭了。我突然意识到,从一开始我就没有问清事情的原委,光凭经验判断,让明明给正在哭泣的天天道歉。我立马蹲下来,扶起他的小脸,问:"明明那你告诉我是怎么回事,为什么天天哭了,你们为什么吵架,刚才是老师做得不好,应该先问问你们两个发生了什么事情。"明明抹着眼泪,大声说:"他先推我的,我才推倒了他,然后他就说把他弄伤了,可是我的手也破了呀!为什么要我道歉?"孩子的回答和反问让我不禁思考,面对孩子之间的矛盾,我第一时间关注的是如何解决矛盾,却忽视了孩子们情绪和行为背后的原因,难怪类似的同伴矛盾总是不断出现。明白原委后,我分别查看了两个孩子觉得疼痛的地方,又对他们说:"还疼吗?你们两个都受伤了,肯定都觉得很生气,很委屈,你们可以平复一下心情,然后各自都跟老师说一说,我来帮你们想想办法。"随后两个孩子便停止哭泣,在陈述事件经过的过程中,解开了误会,和好了。经此一事,让我谨记对待幼儿不能先入为主,不能经验主义,要客观分析和评价每一个事件,做到公平公正,像端平一碗水一样,不偏不倚,确保每个孩子都能得到平等的对待和关怀。学会与孩子共情,建立情感联系,孩子才会接纳你,促使教育行为落地,更好支持师幼良性互动和共进。

三、"孩子王"的智慧与传承

1. "孩子王"们的十八般武艺

幼儿教师的抓手

我一直在思考这本书的定位。既然要成书,还得要有引人入胜的独特之处,而不仅仅是经验的堆砌或是理论的赘述。毕竟幼儿教育的理论知识,早已成为学科体系,无须我来重复。我不愿为了凑成一本书而照搬别人的东西,反而觉得书中的内容应该是如同清泉般,从我的心里自然地流淌出来。我渴望分享我的成长历程,特别是那些曲折而充满挑战的心路历程。今天的我,虽然不敢自诩为教育家,但是在幼儿教育方面也有所建树,这一路走来并非一帆风顺,正是这些经历,塑造了我的坚韧与智慧。我希望通过这本书与读者真诚地分享与交流,能够让读者看到我在幼儿教育道路上的探索与成长,并抛砖引玉,引发共鸣与思考。

年轻的时候,我觉得幼儿教师这个工作如同绚烂的童话般美好,一想起幼儿园,眼前就会出现一幅生机勃勃的水彩画:院子里花红柳绿,色彩缤纷,各式各样的玩具琳琅满目;孩子们天真无邪的笑容,如同春日里盛开的花朵,美得令人

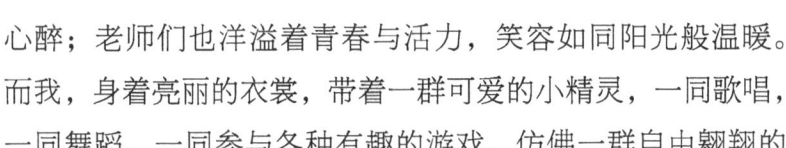

心醉；老师们也洋溢着青春与活力，笑容如同阳光般温暖。而我，身着亮丽的衣裳，带着一群可爱的小精灵，一同歌唱，一同舞蹈，一同参与各种有趣的游戏，仿佛一群自由翱翔的小鸟，在快乐的天空中尽情地飞翔。

我刚工作那会儿，幼儿园的教学大纲和教材里的内容都是一板一眼的，小朋友们要学习很多的内容。虽然现在看起来显得有点呆板，但那些课程系统性比较强，也给教师提供了很好的抓手，这就是当时所说的"有纲有教材"。所以，在我想象的美好画面里，还有琅琅的读书声。当时还没有兴起区域游戏活动，集体教学活动在孩子们一日生活中占的比重较大，孩子们早饭后或是早操后就开始上课，上午有两节课，下午最少也有一节课。当时，一个班配备三名老师，两教一保，职责相对固定。我是主班老师，也就是班主任，负责上午这两节最重要的课程。那时候的课程叫作"六门课"，类似于现在的五大领域课程，它是我一天的重头戏。下午的课一般以手工活动为主，比如捏泥、折纸等这种操作性较强的活动。

那时候，班主任老师需要具备驾驭各个学科课程的能力，所以不管是幼师学校，还是幼儿园，都比较重视教师技能技巧的培养和提升。这个技能技巧不是现在我们所说的带孩子、管理孩子一日生活的技能技巧，而是集体教学中用到的某一科目的技能技巧，比如弹琴、唱歌、跳舞、绘画等。给孩子上音乐课，教师要能够边弹边唱，孩子唱歌跳舞的时候给他们伴奏；教孩子们唱歌的时候，教师要能够脸朝着孩子，眼睛看着孩子，而手在熟练地弹琴，不需要看琴键或琴谱。在那个年代幼教老师的这些的基本技能，我想现在好多老师都缺乏。幼儿园原来有几位老教师，比如前面提到过的靳老师，都是"文化大革命"前老的北京幼师毕业的，具有很纯熟的技能技巧。

当时美术课的模式是老师先准备好一张示范画给孩子们欣赏，然后老师要用粉笔当场示范画画的过程，这些都是基本功。我不擅长绘画，但是必须得完成美术课的教学，为此，我只能刻苦地练习。

记得我曾在北京市第一幼儿园实习，这是一个赫赫有名的幼儿园，里面有好多外国孩子，仿佛一个小小的联合国。这个幼儿园的强项是音乐教学，老师们都很出色，教学水平也都普遍很高。现在，年轻的老师在实习阶段，会有成熟的老师带领，即使不会也没关系，在成熟老师们的指导下，实习老师也会有尝试的机会。但那时候的实习和现在完全不同：第一周主要是观摩，实习老师观察有经验的老师上课，自己揣摩学习；第二周开始，实习老师就得像带班老师一样独立给孩子们上课了。我实习的时候，一个班上午半天的课全都由我负责，辅导老师只是跟着，一般不说话，有大的问题才会指导。我要对孩子们上午的作息了如指掌，什么时候该带领他们干什么。

实习期间，我的第一堂课就是音乐课，辅导老师对音乐课的要求非常高，这节课除了要教给孩子们的那首歌，整个

三 "孩子王"的智慧与传承

课程都必须用钢琴曲串联起来,大班一节将近40分钟的课,几乎琴声不断。通过用心观察和记录,我发现辅导老师上一节音乐课大概弹奏将近20首曲子。音乐课刚开始有一个开场,小朋友们从外面做着优美的动作,跟着琴声走进教室,仪式感十足;进教室后,小朋友们坐下,衔接一首优美的小律动;然后是发声练习,又是一首新的曲子伴奏……对于辅导老师来说,这些曲目是她多年辛勤耕耘的结果,非一日之功。而所有的这20首曲子对我来说却全然陌生,我需要一鼓作气,将这些曲目逐一练熟,熟到不用看琴谱,不用看琴键,让曲子自然连贯地从我的手下流淌出来。而且在弹奏过程中还要面露微笑,看向我的孩子们,以从容不迫的姿态,把握好整个课堂的节奏。

虽然三年幼师学习期间,我们练了两年多的钢琴,也掌握了一些技巧,但面对一首新的曲子,还是需要不断练习才能达到熟练的程度。这可能是辅导老师对我的考验,但一向好强的我怎可示弱,决心正视挑战,一定要把第一节音乐课上好。为了第一天的这节音乐课,我竭尽全力拼命练琴,晚上实习完回到宿舍,我也不顾疲惫地熬夜练习,周末也不回家,全心全意地沉浸在练习中。

功夫不负有心人,我的第一节音乐课总算顺利完成了,但也留下一个小遗憾,我丢了一个十分重要的环节:户外活动。因为我和孩子们又唱又跳的,又因为缺乏带班经验,课程拉得有点儿长,加上自己手忙脚乱,居然忘记了户外活动环节。当时我的辅导老师也没有提醒我，直到最后自己醒悟过来：今天好像缺了点儿什么。

图 3-1　我的实习日记

一叶知秋，从这个小例子就可以看出那个年代对幼儿教师技能技巧的要求有多高。后来，我来到北大幼儿园正式上班，弹琴、唱歌、弹唱、绘画等技能技巧的考核仍然是老师们每年年度考核的核心项目。再后来，到我做管理干部的年代，整体对幼儿教师技能技巧的要求慢慢降低了，但我依然很重视钢琴弹奏的能力，还是要求老师们定期分组回琴，以确保保持水平并争取有所提高，在我看来，这是老师的基本技能之一。

三 "孩子王"的智慧与传承

现在,有些幼儿教师并非幼师专业科班出身,可能并不会弹琴,这个没有关系。我觉得每位教师的能力不一定面面俱到,但要有自己的特点和强项,有的老师心灵手巧,会做各种小模型;有的老师天生嗓子好,歌声优美;有的老师博闻强识,懂得很多关于植物的小知识……

除了技能技巧以外,早先幼儿师范的教育对学生的文化课要求也非常高。我们学习的文化课科目几乎与高中一样,包括物理、数学、化学、生物等,其难度虽达不到应付高考的程度,但每一项内容都未曾遗漏,全面而深入。在这个基础上,我们还要学习教育学、心理学、教学方法等很多师范专业课程。我对教学方法这门课印象比较深,一是因为当时上这门课的老师具有魅力,他的教学风格生动有趣,使得这门课程的学习变得充满乐趣;二是因为没上多久课,我就已经逐渐摸索到教学方法的规律了。首先,要有个导入,就是用某种特别的形式或事物来吸引孩子们的注意力,调动起他们的好奇心,让他们把专注力都集中在教师身上;然后在主体部分要完成这门课的教学任务;最后是结束部分,教师对活动进行总结,或者进行延伸。我觉得这是一个基本的框架或模式。

虽然这个教学方法看着也有点儿呆板,但这可以成为新老师的拐棍:在面对一群孩子,要讲一首诗歌或一个故事时,他们至少能知道怎么开始,中间怎么推进,以及怎么结束。这也是我一直主张要做园本课程案例的原因。

幼儿教师的成长至少可以分成三个阶段：新手教师、成长期教师和成熟的骨干教师。到了成熟的骨干教师阶段，他们已经经验丰富，可以提供一些主题活动案例，并从中提炼出精华。人无完人，骨干教师仍有提升的空间和努力的方向，比如某位骨干教师可能在音乐课水平上比不上隔壁班的普通老师。因此，我提倡每个人贡献出自己的精彩案例，然后资源共享，互相学习，共同提高。这样也可以打破班级的限制，给孩子们提供更加丰富的活动。

按照教师的正态分布，成长期的教师，也就是基本上道的教师，在教师群体中属于绝大部分。对于这一阶段的教师来说，如果能将园本课程与实践经验相结合，经过琢磨和体会，慢慢吃透园本课程中的精髓，就能加速成长。

对于新手教师，主题活动类的园本课程可以供其观摩，也可以让其尝试，但更适合他们学习和模仿的应该是以分科分领域活动为主的园本课程。这一类的园本课程可以包括五大领域中分领域的活动，也可以是一日生活中的某个环节，或是生活管理中需要特别关注的点，或是与孩子们互动的经验技巧等。新手教师没有组织过活动，也没有带孩子的经验，但是以园本课程为抓手，就可以去模仿和尝试。

所以我觉得我们的园本课程，应该分为两大类：一类是针对水平比较高的教师，内容是已有经验的提炼或是自己的研究成果；另一类是针对新手教师，内容比较规范，涵盖一日生活的方方面面。对于新手教师来说，入职培训和在岗培训是帮助他们尽快步入正轨的重要手段。培训和园本课程这两类抓手可以同时都提供给新手教师,有的教师悟性强,会把这两个抓手掺杂着用,或者是借鉴着用,取其精华。园本课程也是与时俱进的,善于动脑和思考、专业功底深厚的教师,掌握这些技能技巧以后,还会给幼儿园贡献新的抓手。

在教师的技能技巧方面,过去与现在确实存在着显著的差异。我们既要珍视并保留过去技能技巧中的精华部分,又要不断梳理和总结新的技能技巧。新的技能技巧内容包括如何有效地管理好班级,如何妥善地处理师生关系以及家校关系,特别强调的是要打理好孩子们的一日生活。随着时代变化和科学技术的发展,教师们还要不断提升自己的信息化素养,学会利用网络搜集和整理信息,以便更好地辅助教学。此外,教师也应具备敏锐的洞察力,善于捕捉孩子们生活中的点滴细节,发掘传统文化与教学活动之间的内在联系,从而丰富教学内容,提升教学效果。

不同时代面临的不同挑战

相比 2000 年之后，特别是 2010 年之后，20 世纪八九十年代幼儿教师所面临的挑战完全是不一样的。

我们年轻的时候，幼儿教师必须掌握的能力偏技艺型，比如：弹琴、唱歌、跳舞、绘画等这些比较外显的技能。那个时候，幼儿园里数学教育活动特别少，因为数学教育活动相对比较"静"，不够"热闹"，显不出教师的本领。反之，音乐活动和美术活动能够做得特别热闹，教师们也能够尽情地展示自己的技能。曾经有一段时间，奥尔夫教学法风靡一时，深受青睐。其核心就是节奏教学，敲响架子鼓，特别有韵律和气势，能够很好地培养孩子们的节奏感。那时幼儿园对节奏教学非常重视，认为这种教学方法对于孩子们音乐素养的培养，以及节奏感、协调性的提升具有不可估量的作用。从现在的教育理念来看，过分夸大了其教育价值。但这就是时代特点，它要求幼儿教师掌握各种各样的技能技巧。

三 "孩子王"的智慧与传承

并不是所有幼儿教师都能驾驭技能技巧。就拿音乐教学来说，幼师毕业的科班老师才能领会音乐教学的一些真谛。一般的乐曲，尤其是我们那个年代接触的曲子，都会有一个符号，表示一分钟72拍。幼师学校的老师告诉我们，人的心率基本上就是这个速度，听着这样的乐曲，心脏会觉得比较舒服。当然，随着社会的发展，音乐更加多元化，尽管很多乐曲不适合我这样年纪的人，会让我心脏怦怦乱跳，但是可能适合年轻人，能够让他们热血沸腾。让人舒服的音乐节拍全世界都是相通的。幼儿教师要了解音乐是什么，在什么情况下应该给孩子什么样的音乐，传达怎样的感受。这就是艺术教育，其目的是能够愉悦身心，健康身心，培养孩子们的美感。

为了达到这样的目的，教师就必须经过系统且专业的学习和训练，掌握必要的专业技能，否则教给孩子的东西有可能是错误的，更谈不上把艺术的美传递于他们。俗话说：要给别人一杯水，自己就要有一桶水。要培养孩子们的音乐感受和鉴赏能力，教师自身首先要具备相当高的音乐素养。幼儿的心理特点是善于模仿，易被他人影响和感染，教师具备了很强的艺术鉴赏力，表现出对美的向往和喜爱，小朋友就很容易被教师感染，由此也会对艺术产生兴趣。

基于幼儿教师对孩子们的影响力，我们那时候要学的东西非常丰富，而不仅局限于某个领域或某个专业。除了艺术方面的技能技巧，其他的课程还有教学法、生物、地理、物理、化学等。虽然我在初中的时候也学过地理、生物这些科目，但那时候并不重视，真正让我对这些科目重视起来，并且深入学习是在幼师期间。教师每天都要和孩子们在一起，孩子们对什么都感兴趣，因而作为教师所要了解的东西也必须是比较全面的。与现在的年轻教师相比，我在生物学、地理学方面的知识储备更加丰富：在没有太阳的野外，我能从身边的植被和灌木乔木来分辨南北；看到水里上下翻飞的小结节状的生物，我知道那是蚊子的幼虫，如果不赶紧消灭，它们就能长成蚊子；我知道植物授粉的各种方式；我知道生物大致的进化过程；北京大学里的植物，我基本上都能叫得出名字……在带着孩子们探索的时候，这些知识的储备就能凸显出它的重要性，即使在日常生活和各领域的活动中也会用到。

幼儿的养护知识也是我们那个年代幼师必须掌握的技能技巧之一。那时候的教育学课程都是由老教师或是老教育家授课，除了讲中西方的各种教育理论，还有非常细致的幼儿养护知识。因为幼儿园的教育必定是建立在养护的基础上的。我们要知道如何科学养护，怎么让孩子进行锻炼，让身体健康强壮。

时代在发展，社会在进步，国家政策和教育体制也随之调整和改革。我小时候，几乎每家都生了好几个孩子，后来变成了独生子女，然后现在又鼓励生二胎、三胎。在独生子女时代，家长对孩子的关注度达到了前所未有的高度。一个

三 "孩子王"的智慧与传承

家里的好几口人的焦点都在一个孩子身上,细致地研究孩子的养育和发展。这样过于精细的养育方法往往显得过犹不及,就好像是庄稼施的肥过多,并不利于幼苗的成长。当下,我觉得大家的幼教观念趋于理性,开始放眼未来,更多地探讨对孩子终生发展最有价值的东西。

李玫瑾教授曾说过,6岁以前是孩子性格形成的关键时期,现在孩子好多问题的根源就是任性,他们仰仗长辈的宠爱,做事没有顾忌,也很善于"欺负"自己的父母长辈。我小的时候,父母在心中拥有绝对的地位和权威,即使有时候对父母的要求或教育心里不乐意,但很多事也不敢做,因为心里有顾忌,担心父亲的惩罚,或是母亲的伤心。一直以来,虽然我对孩子的态度是有点儿宠溺的,尤其是到了现在这个年纪,但面对孩子的坏习惯,我绝不会纵容其任性行为,必要的惩罚是不可或缺的,因为这有助于他树立正确的行为观念。

不管是心理发展还是生理发展,人与人之间都存在着差异,但是在行为习惯的养成和人际交往方面的教育,我们一定要认清楚是孩子的特点,还是发展中的问题。孩子的成长过程中难免会遇到各种挑战和问题,这正是需要我们给予支持和引导的时刻。

幼儿教育需要客观地认识孩子、研究孩子,寻找什么是他们终身发展最需要的东西。良好的行为习惯对一个人的发展意义重大。行为习惯其实更多是外显的东西,能反映出孩子内在的个性。在我看来，孩子要心地善良，要有基本的是非观念，能区分"好"和"坏"，性格既要有柔软的部分，也要有坚忍的部分。比如，我坚定地热爱我的祖国，但我也内心柔软，知道保护祖国不能滥用武力屠杀生灵，而要用合理的方法捍卫国家安全和领土完整。这与我们中华民族传统文化和民族精神是一脉相承的。我们文化的本质是一种"和"文化，追求向善，追求和谐，不能一味利己，还要利他。同时，我们的文化也讲求"中庸"，其实是一种平衡理论，希望这个世界是和谐、平衡的。这些思想对我们孩子人格的形成，对其终身发展都是十分有益的，因而我们应该好好利用中华优秀传统文化来开展相关的研究和探索，这也是我们的优势所在。

为了适应幼儿教育发展的要求，幼儿教师要具备较深厚的文化修养和扎实的专业水平，只有教师的文化修养和专业水平到位了，才能够真正做到理解孩子、尊重孩子，并且能够利用自己的知识积累为孩子提供有效的支持，知道如何因材施教。这也是当今我们的幼儿教师需要掌握的"技能"。

面对新的时代挑战，某些特定的技能，如弹琴，可能并非每位幼儿教师都擅长，但是没有关系，我们可以借助手机等工具播放乐曲，技术的进步使得许多事情变得简单易行。真正挑战我们的，是幼儿教师内在专业素养的提升。这要求教师们不断学习、不断进步，以更好地适应教育工作的需要，为孩子们的成长提供更为优质的引导和支持。

成为散发正能量的"小太阳"

"社会性"对一个人的发展和成长真的是非常重要,现今社会,幼儿园和学校已经不仅仅是传授知识的场所,更是塑造人格、培养幼儿社会性的重要基地。但在我刚工作的那个年代,人们对"社会性"这一概念的理解尚显浅薄,对相关的能力培养也并不是很重视。作为一名幼儿教师或者幼儿园的管理者,需要具备很多方面的能力,处处都体现着自己的社会性,比如社会交往能力、处理复杂事情的综合能力、统筹兼顾的能力等,对于一名幼儿园班主任来说,更是如此。

通过观察和琢磨,我发现有的班主任管理班级有条不紊,什么问题到了她那里都能游刃有余地解决;而有的班级却麻烦不断。有的班主任总是表现出积极正面的精神状态,如果问到某个刚到他们班的新老师工作如何,她会告诉你,那个新老师特别好,工作积极努力。通过观察,我发现那个新老师表现也确实挺不错。可是,换了一个班以后,同样是这个新老师,我得到的评价却截然不同:怎么表现这么差,主动性不足，觉悟也差。这样的情况在工作中并不少见。那究竟是怎么回事儿呢？

在实际的工作中，同样一件事情，不同的教师或管理者处理起来往往会有截然不同的效果。其中的原因，除了个人的专业能力外，更重要的是他们的精神状态和心态。那些积极乐观、充满正能量的教师和管理者，就好像是某种能量源，像个小太阳一样温暖、照亮着周围的人，往往能够给周围的人带来力量，周围的人在她的精神力量的影响下会变得积极乐观，工作起来热情主动，轻松愉快，整个团队也会充满活力和凝聚力。这样具备积极、乐观、正向精神状态的人，除了情商高以外，还具备三方面的素养。第一是综合素质较高，能够驾驭一些错综复杂的事务；第二是德行，具有良好的人品和较高的师德修养，给周围的人带来积极正向的影响；第三才是专业能力，这一点固然重要，但我认为只能在三者中排最后。因为一名教师的专业能力再强，如果缺少别人的帮助和支持，他也孤掌难鸣，可能都没有机会发挥专业能力，更别说锻炼和成长的机会。而德行修养，也就是一个人的品行，在任何时候都是非常重要的。担任过园长或是园领导的人应该都深有体会，要为某项任务选人的时候，首先考虑的应该就是候选人的品行。

专业教师的成长是一个综合的过程，会受到很多因素的影响。刚毕业的新手教师在走上工作岗位时，其实已经形成了基本的德行，后期的培养对德行的影响有限。同时，新手教师也已经具备了基本的专业知识或专业技能，这是其日后成长的基础。这个基础的好坏虽然不能完全决定今后的成绩，但也会对今后的成长起着制约或促进的作用。经验的积累在一名教师的专业成长过程中起着至关重要的作用，它既取决于个人的努力程度，也需要足够的时间。所以，培养一名优秀的教师需要足够的耐心，要给予足够的时间去尝试、体会、总结、积攒经验，一步一个脚印踏实地往前走，不能急功近利。

当然，每个人的成长速度不一样，有的人需要的时间很长，磕磕绊绊，没什么起色；有的人的成长道路却非常平坦，而且快捷顺利。常说机会都是留给有准备的人，我觉得这句话非常有道理。"准备"应该包括知识和专业能力方面的准备，但也不仅限于此。还有一种说法，机会都会留给那些愿意干活、愿意进步、愿意成长的人。对于一个运行正常、机制健康的幼儿园来说，用人的原则一定是任人唯贤。所以，新手教师们走上工作岗位的时候，首先一定要修养德行，做一个好人，做一名好教师，然后对工作全情投入，努力做好每一项工作，不断磨炼，到最后一定会有所成就。

教师的成长如此，幼儿园管理者的成长更不容易。可能有人会觉得园长的境界比普通老师们要高，其实这只是因为园长在成长的路上遇到了更多的荆棘和坎坷，面对过更多的压力和挑战，因而磨砺出了更加坚强的意志，更加强大的心理承受力。在平时的工作中，老师们如果犯了错误，可能会受批评，会觉得很苦恼、委屈、不服。但是，作为管理者，园长的批评也是一种爱和关切，即使是批评，也还得想着这么表达是不是合适？会不会太严厉？这个老师能不能接受？作为园长，在我遇到荆棘坎坷、经历暴风骤雨的时候，面对来自下属、服务对象、领导或其他人的压力的时候，往往只能独自承担，自我消化。所以，我想对老师们说："不要畏惧坎坷和风浪，努力成长。如果你准备走上管理岗位，那就做好迎接更加严峻挑战的心理准备。职务越高，责任越大，担子越重，需要你有更宽阔的心胸和更坚忍的意志。"

回想我自己成长过程中所经历的那些困难，也会感叹一步步走来真的很不容易。难，并不在于专业本身，而在于这个社会在不断发展，滚滚的历史车轮一直向前，它碾压过去的地方难免会有被误伤之处。好在我有一颗强大而坚定的心，即使被误伤了，自己也能修复。我相信我们的社会，相信北大，相信正能量一定占优势。这么多年来，我们的上级，我身边的人都在支持幼儿园的发展，尤其是近几年，随着幼儿教育观念的变化，学校对幼儿园的定位也在发生变化，幼儿园的地位也越来越高，幼儿园取得的成绩也得到了越来越多人的认可。

一个幼儿园的园长就是这所园的领跑人和服务者。作为园长，就必须跑在前面，前面不管是有坑还是有水，必须先蹚。作为服务者，不仅仅指谁家孩子病了，园长要管，因为健康问题对每一家来说都是大事。我所说的"服务"更重要的是从幼儿园发展的角度，为教师提供全方位的硬件和软件服务，营造舒适的物理空间和文化氛围，让教师在这样的环境下好好工作，善待每一名幼儿。我们共产党人认为干部是人民的公仆。作为人民的公仆，我们要在努力做好领导者的同时，要为民服务，为民做主，保护好人民的福祉。我们做管理者的人一定要有这样的责任和胸襟。

其实不管是幼儿园的管理者，还是班级中的班主任，都是一个小团队的灵魂和核心，要用自己的力量，或是能量场影响所在的团队。你喜欢什么，你所带领的团队可能就容易出现什么。如果园长喜欢打小报告的人，那幼儿园可能到处都是爱打小报告的人，人与人之间的关系就会变样。但是，如果即使有人想向我打小报告，我坚决不听，时间久了也就没人再这样做了，单位就会风清气正。

除了园长或班主任这类团队的核心人物，这个规律也适用于班上的所有老师。如果一个班级中四名老师，每一名都是一个小太阳，都能给予身边的人以光明和温暖，整个园子不就更好了吗？

在疫情防控期间，我深刻体会到一个温暖的集体中的美好。在疫情严重的时候，作为园长我经常住在幼儿园值班。虽然我的确很辛苦，但也特别享受，因为我觉得我还是挺有价值的。在特殊时期，我现场坐镇指挥，可以应对各种突发事件，这样上级领导也会放心。然后，我体恤其他人也都有自己要忙的事情，大家要互相关爱、互相呵护、互相理解，这就是我们这个核心团队的状态。在我们的团队里，每个人都是一个小太阳。

我们幼儿园的管理团队同心协力，努力把幼儿园办好，家长满意，领导放心，孩子们也特别爱我们。这样，我觉得自己的工作特别有成就感和价值感，倍感愉悦，享受其中，我觉得这就是管理。有些管理学的书，里面的内容是伪鸡汤，对此我很不屑。曾经有一个管理学的老师跟我们讲，如果你想打造一个和谐的团队，就要让你的下属互相制衡，这样就能保证你的权威。可能有些人确实会觉得有道理，也会这么做，但是我，从内心来讲，我不希望我的下属互相掐架，我希望他们团结一心，和谐一体。一直以来，我对类似的管理策略，职场技巧相关的书籍或是论述非常排斥，而且我也不赞成年轻人看。

不管是幼儿园还是小学、中学，我始终坚信它们应当是孩子们成长的纯净天地。身为教育工作者，我们肩负着义不容辞的责任，应该用自己积极向上的心态努力为孩子们营造一方充满欢乐与智慧的成长乐园，让他们保持心灵的澄澈无瑕。幼儿园的老师们也真的是非常可爱，这一点经常让我心生感慨和感动。在分园组织的每周一次的志愿者活动中，老师们满怀热情，积极参加；在疫情防控的关键时期，我们幼儿园大批的老师主动投入社区、学校等不同的抗疫志愿者的岗位上，为疫情防控工作贡献自己的力量。老师们的心在幼儿园，真正做到了以园为家。

我希望每个老师都能够成为身边人的小太阳，保持善念，注重德行修养，用自己的光芒照亮他人的心灵，用善念和爱心去感染和影响周围的人。我也希望老师们能够不断努力学习和实践，锻炼和发展自己的综合管理能力，不断提升自己的专业水平，为孩子们的成长提供更加优质的教育服务。

三 "孩子王"的智慧与传承

师者有风范

在回顾自己的成长经历时，许多名人都不约而同地谈及自己的母亲，谈到儿时母亲对自己的深远影响。这些被谈及的母亲中既有是学识渊博的智者，也有平凡朴实的家庭主妇。但无论是哪种类型的母亲，她们都在言传身教、潜移默化中影响着孩子。古时的孟母三迁、岳母刻字，这些千古传颂的故事，也都歌颂着母亲对孩子的影响。

这些对母亲的美好礼赞让我经常联想起幼儿园教师——幼儿园教师多为女性，身上散发着与生俱来的母性光辉，爱孩子似乎是与生俱来的本能，这无疑也为她们担任幼儿园教师赋予了得天独厚的优势。但仅仅具有母鸡呵护小鸡的这种本能是远远不够的，幼儿园教师需要把母性放大，升华为一种更为广博而深远的爱。这种爱是超越血缘的爱，"幼吾幼以及人之幼"，不仅要能够爱自己的孩子，更重要的是要能够爱别人的孩子。这种爱还不应受到孩子外表、性格等因素的影响。无论是长相出众、乖巧听话的孩子，还是相貌平平、偶尔淘气捣蛋的孩子，都应该得到老师们一视同仁的关爱。这种无私、无差别的爱，才是幼儿园教师的伟大所在，体现着他们的智慧和博爱。

有研究说幼儿园应该多聘用男教师，培养孩子的阳刚之气。我不反对，但是现实是女教师更多，这与男性与女性的天性有关，因而这个现实改变起来也会比较困难。

我认为对阳刚之气的理解应该更加宽泛和深入。阳刚之气并非仅仅局限于外表的健壮，更重要的是一种内在的品格和气质，其中大气是不可或缺的一部分。很多女性往往能够展现出比男性更为大气的特质。她们拥有大气的胸怀、博大的情怀和坚忍的品质。所以，在培养孩子阳刚之气的问题上，我认为仅从性别上去看待这个问题，是非常狭隘的。只有男教师才能培养孩子的阳刚之气吗？有了男教师就一定能培养出具有阳刚之气的孩子吗？我想教师的性别绝对不是决定性的因素，要摒弃性别刻板印象。

在目前幼儿园还是以女教师为主的现实情况下，幼儿教师应该做到大气：既要具备天然的母性的温暖，有大爱的温度和温情，又要具有职业赋予的那种坚强和坚忍，有大气的情怀和胸怀。

我曾经带过一个有42个孩子的班级，孩子们毕业的时候，家长们纷纷围着我，表达内心的感谢。有一个孩子的爸爸妈妈一直等到最后，等到别的家长都离开了，才领着孩子站在我的面前，三个人齐刷刷地站着，然后出其不意地深深地向我鞠了一躬。这一幕让我既感动又有些手足无措。看我有点儿窘迫的样子,孩子爸爸赶紧说:"王老师,谢谢您!我们工作忙,一直疏于对孩子的照顾,我家孩子在王老师这里享受了那么多的爱,您一直没有嫌弃孩子,给予他的都是无微不至的照顾。"是的,两年前,这个孩子从兰州老家农村随父母来到北京,父母的科研工作很忙,很少有时间照顾孩子,所以这个小男孩每天来幼儿园都是脏兮兮的,两个脸蛋都糊满了鼻涕。看到这个孩子,我满是心疼。于是,每天早上我的第一件事儿,就是把他领到盥洗室,用温水帮他洗脸,把他的小脸蛋打理得干干净净。有时候,中午我还会打一些热水,帮他洗洗头发。我知道家长忙,就请他们多带几件衣服到幼儿园,中午帮他把衣服换下来后,换上干净衣服,再帮他把脏衣服清洗干净了晾晒好。这些看似微不足道的举动,却给这个家庭带来了深深的感动,让他们对我的感激之情溢于言表。

教师对孩子的爱,远超过纯粹的母性之爱,这分爱并非源于血缘,而是源自教师的职业操守与博大情怀。他们不是我的孩子,有些孩子也不是外貌可爱、机灵乖巧,可是他们都需要我们倾注平等的关爱,用真挚的情感、行为、语言去表达这份深沉的爱。我想,这就是教师大气的第一个方面。

还有一对父母在孩子毕业后跟我说:"王老师,我们夫妻俩对您的评价就是四个字,不卑不亢,您不会巴结谁,对所有的孩子都一视同仁。您很专业，会传递给我们很多育儿方面的知识，以一种不卑不亢的方式。"这样的评价，在许多年前，特别是当时还把幼儿园老师视作看管阿姨的年代，无疑是很难得的也是很高的评价。多年后，他们的孩子到了美国，还给我写信，虽然我的名字他写错了，但是他在信中忆起的儿时的趣事却给我了很多温暖和作为教师的幸福。这种在工作中展现出来的专业的底气，展现出来的自信与从容，我想这是大气的第二个方面。

俗话说"女人多了是非多"，幼儿园里女教师多，就更需要老师们能够大气，不要太过计较。多年来，我的原则是不去打听了解那些家长里短的事儿，不参与拉帮结派，不计较仨瓜俩枣，这样我觉得过得特别舒心。后来走上管理岗位之后，有的老师就会找我闲聊，想要悄悄地告诉我点儿什么内幕，或者议论他人是非。对于这种情况，我一般选择不听、不传，将其当作耳边风。我认为如果真有什么事儿，就拿到桌面上，大家光明正大、开诚布公地讨论，遇到问题一起解决；如果是无关紧要的琐事，只要没有损害到幼儿园或者孩子们的利益，我就会礼貌地谢绝"告密"的老师。这样的处理方式不仅让我保持自己对各种事情或各种人看法的客观性，远离了是非，也逐渐影响了周围的同事，时间长了，老师们也就不会再来"告密"了。那些爱制造事端、收集信息或搬弄是非的教师也就少了。整个幼儿园的氛围变得更加和谐并充满了正气。谣言止于智者，这是第三种大气的表现。

综上所述，大气之于教师，就是为人正派，做人正直，处事公正公平。教师做到这点，就会将这种良好的言行举止迁移到师幼互动中，一定也能公平公正地对待孩子们，然后言传身教地影响孩子们。不收礼，不偏袒，不歧视，不卑不亢面对家长，公平公正对待孩子，这种风气已经深入我们幼儿园的每一个角落，已然成为我们幼儿园的园所文化底色，形成了一种积极向上的文化环境。教师不会因为孩子各种各样的表现，或者家长不同的文化层次，做出亲疏的区别对待，从而赢得了家长的真心信任和高度赞誉。

微笑的力量

在我求学的时候,老师曾经教导我们:面对孩子的时候要态度温和,并保持微笑,这样孩子们才会感受到你的温暖、关爱和善意,才会喜欢你,愿意和你亲近。如果你的表情总让人感觉特别冷漠,相处中总是板着脸,没有一丝笑容,那你肯定不适合当老师,尤其是当幼儿园老师。

从这一点来说,我感觉自己很适合这个职业。自幼时起,我便深受家人和朋友的喜爱,而且他们都说我天生便具备吸引孩子的特质,可能就是因为我有着真挚而灿烂的笑容。走上了幼儿教师这个工作岗位后,每天总有很多天真无邪的小天使跟着我,围着我,这是多么美好的事情,因而我更是脸上每天都挂满笑容。与孩子们在一起,是我的职业使命,也是我生命中最为愉悦的时光。很多人说,能够将自己热爱的事情变成一生的事业,无疑是一件十分幸福的事情。而对于我来说,每天都沉浸在这样的幸福之中。

然而,生活中并非时时刻刻都这么美好,总会遇到一些

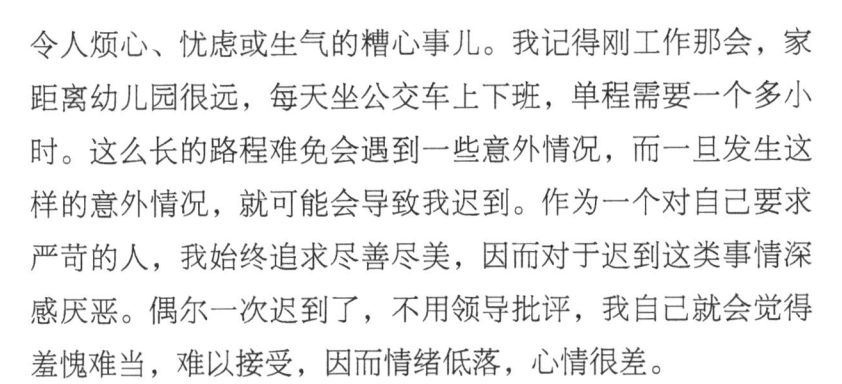

令人烦心、忧虑或生气的糟心事儿。我记得刚工作那会,家距离幼儿园很远,每天坐公交车上下班,单程需要一个多小时。这么长的路程难免会遇到一些意外情况,而一旦发生这样的意外情况,就可能会导致我迟到。作为一个对自己要求严苛的人,我始终追求尽善尽美,因而对于迟到这类事情深感厌恶。偶尔一次迟到了,不用领导批评,我自己就会觉得羞愧难当,难以接受,因而情绪低落,心情很差。

但是,身为一名幼儿教师,职业素养要求我绝对不能将这样的负面情绪带到工作中,带到孩子们面前。虽然心情十分沮丧,但走进教室,迎接家长送孩子入园的那一刻,我会第一时间站在班级门口,立刻变得阳光四射,满脸微笑,孩子们和家长完全看不出我刚刚糟糕的状况和低落的心情。我会跟每一个小朋友、每一位家长热情地打招呼,亲切地问好,无论他是否是我们班级的。以至于楼上一个班孩子的家长每次都会绕道到我们班级门口,就是为了早上感受一下我那热情的问候。这位家长说:"特别喜欢看到中一班的王老师,她那张灿烂的笑脸,好像早晨一开门阳光洒进来的那种美好。"

带班的老师们经常会发现有些家长早上送幼儿入园时总是匆匆忙忙的,有时候还会阴沉着脸。他们可能因为家里有点不愉快的事情,也可能因为科研教学工作繁重,还可能是早上孩子有点儿起床气。作为教师,我们要理解家长,然后笑脸相迎,不要被不好的情绪感染。我会带着阳光般的微笑,用热情的声音大声问候:"毛毛好,毛毛爸爸好!"家长看着我热情、亲昵地跟孩子互动,也会回我一个微笑,转身就轻快地下楼了,仿佛心中的阴霾也瞬间消散了不少。作为幼儿教师,我们不需要夸大自己的作用,但是清晨的这一点点时光里,我们的微笑如同初升的阳光,照亮了彼此的心情,为这一天的开始增添了无尽的美好。这,便是我们身为教育工作者能够带给世界的微小却珍贵的力量。

可能会有老师说,性格是天生的,我就是不爱笑。如果事情确实如此,而本人又不愿意改变,那我真的不建议她继续从事幼儿教师的工作。幼儿教师是一个充满人文关怀与情感交流的职业,她们的工作并非与冷冰冰的机器为伴,而是与活泼可爱、充满好奇心的孩子们进行深度的沟通与互动。有科学家通过实验发现:两株一模一样的花,一株在持续的责骂声中生长,另一株则在赞美与鼓励中绽放,最后两株花的生长状态竟然截然不同。植物都如此,何况人,更何况孩子呢。

相关研究表明,服务行业如乘务员所展现出来的微笑,不仅提升了服务质量,而且对从业人员的健康也很有益。幼儿教师也同样如此,发自内心地喜欢这个职业,喜欢孩子,从而表现出来真诚的微笑、愉悦的状态,同样会驱散自身身体里的糟粕,同时有助于促进孩子们的身心健康。

学龄前幼儿的思维特点是具体形象思维,对他们来说用眼睛看到的,用耳朵听到的,用身体感知到的事物或情感,是最真实,也是最重要的。因而,教师要用亲切的微笑和温柔的话语让孩子们感受到你对他们的尊重、关注和喜爱,让他们的身心都被你的温暖包围着。为了更好地让孩子们感受到我对他们的爱和尊重,我见到孩子或与他们互动的时候,一定会蹲下来,俯下身,跟孩子眼神对视。这已然成为我的习惯,成为一种内化于心的下意识的行为。这也是职业赋予我们教师的神圣职责,我们必须从"刻意为之"开始,把温暖传递给所有的孩子,即使当下我们个人面临一些困扰或者低落,但是面对孩子的时候你是一名教师。

作为一名幼儿教师,你要能够爱你的职业,爱你的孩子,关注到每一个孩子,你的职业操守才算合格。教师们要用那充满温暖与关爱的微笑来面对孩子们,这种微笑不仅仅是一种表情,更是一种情感的传递,让孩子们感受到被关爱、被尊重和被理解。幼儿教师的微笑对于孩子们的成长和发展,对于提升老师自身的幸福感,具有不可估量的意义。

练就敏锐的洞察力

洞察力，即深入事物本质，敏锐捕捉关键信息，从而做出理解和精准判断的能力。身为幼儿教师，除了具备爱心和耐心，更需要展现出敏锐的洞察力和机敏的反应能力，能够透过现象看到本质，想到事物间的逻辑关系。通过孩子们的日常行为或在某个活动中的表现，幼儿教师要敏锐地捕捉到孩子们的个性特点、兴趣方向，或是遇到的困难和问题。基于这些深入的观察和洞察，由此生发出某个针对性的活动设想或教育方式，以满足孩子们的个性化需求。

或许有人会感叹，幼儿教师的这份工作为什么这么复杂？他们面对的不都是天真烂漫的孩子吗？我要说的是，天真的孩子们其实并不简单，他们每一个细微动作、每一句简单的话语，背后都蕴含着他们的发展特点、成长信号、教育契机，这些就需要教师去细心发掘和把握。简单来说，幼儿教师需要善解人意，需要用心去体会孩子们的内心世界，尊重孩子的天性和身心发展特点。

三 "孩子王"的智慧与传承

我曾经带过一个小男孩,长得黑黑的、高高的,看着有点儿五大三粗的感觉。相处久了,我发现他情商很高,善于说一些甜甜的话,既懂事又乖巧,特别让老师省心,也特别讨老师们喜欢。但是后来我又观察到,他在班级里有一些表现与很多男孩不太一样,比如他喜欢玩过家家和偏向女孩子的游戏和玩具,而对于男孩子们特别热衷的游戏活动,如户外打打闹闹、攀爬跳跃之类,他都不喜欢参加。他喜欢跟女孩子们一起玩儿,最好的朋友也是两个女孩子,他们经常一起扭秧歌,一起弄一些树叶假装做饭,玩得不亦乐乎。他的这些行为吸引了我的注意,但也不能片面地因为一些表象就妄下判断,于是,我就更加关注他。经过一段时间的观察,我发现他小便的时候也跟女孩子一起,而且模仿女孩子的姿势蹲坑。关注多了,就发现他类似的行为表现有很多。

于是,我与他妈妈进行了沟通。我说小家伙特别可爱、乖巧,跟老师也特别亲切,但是他不喜欢玩挑战类的游戏,也不喜欢玩摸爬滚打的游戏,在幼儿园里多数时间在跟女孩子玩。而妈妈反馈,他好像已经形成了一种习惯,在家里也是蹲着小便。经过交流,我跟妈妈达成了一致意见,要对他进行适当的引导。于是在班级活动中,我会更多关注他,适当地引导让他接触更多男孩子的游戏活动,体会这些游戏的乐趣。

多年以前,教育观念并不像现在这样包容和开放,作为一名幼儿教师,虽然我对性别认同等方面的教育并不专业,但我细致地观察到孩子的表现，透过表现发现本质问题，并及时给孩子适当的引导，给孩子提供更多接触男孩游戏的机会。我希望这名孩子能够顺利获得适宜的性别认同感，不至于他在进入小学后因为蹲着小便而被同伴嘲笑或看不起，从而对他的心理健康造成一定影响。

幼儿教师虽然只陪伴幼儿三年时间，但这三年对一个孩子的发育来说意义重大，因而一定要尽到教师的职责。要在对孩子尊重、包容的基础上，为洞察力和机敏性找到正确的方向，然后通过过硬的专业素养，寻找到更好的契机，最终落实在促进孩子们身心健康成长之上。

中班下学期，林老师班级开展了种植洋葱的活动。在种植的过程中，孩子们遇到了一个小挑战，有一颗洋葱的根部有些发黑，看起来像是坏掉了，有的孩子建议扔掉，但有个叫远远的孩子却坚持说："这是我带来的洋葱，我们试试看吧，也许它能活呢！"面对远远的坚持，林老师决定尊重他的想法，并引导孩子们去思考如何解决这个问题。于是，大家开展了一场关于如何处理这颗烂洋葱的讨论。最后孩子们决定切掉烂掉的根部，让洋葱重新长出新的根。林老师鼓励大家按照这个想法去做一个实验，看看结果是不是真的这样。老师帮助孩子们切掉了这颗洋葱腐烂的根部，和其他洋葱一同种在了水培的花盆里。

在接下来的日子里，孩子们每天都仔细观察着洋葱的变化，并记录着它们的生长情况。有一天早上，一个孩子在自然角惊喜地欢呼:"快来看,你们快来看啊!"孩子们围过来,惊奇地发现这颗洋葱发生了出人意料的变化。切掉根部的洋葱从切口处向下长出了许多弯弯的特别粗的白根,而露在水面的部分却什么都没长出来;那些完好的洋葱则在水里长出了细细的白根,上面的部分还长出了嫩芽。孩子们感到惊喜又好奇,林老师鼓励孩子们想办法寻找答案。这时右右突然兴奋地说:"老师,我爸爸是生物学家,他知道很多关于植物的知识,我可以去问他!"几天后,右右带来了爸爸讲解的视频和资料。通过视频和资料,孩子们了解到了洋葱的生长过程和相关生物学的奥秘。他们兴奋地分享着自己的发现,并纷纷表示要更加细心地照顾自己的洋葱。

图 3-2　坏掉的洋葱头展现出别样的生长状态

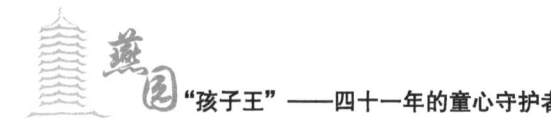

在这次洋葱种植活动中，小朋友们展现出了强烈的好奇心和探究精神。他们敢于尝试、勇于探索，不仅增长了知识，还培养了解决问题的能力。教师尊重孩子的想法，给了他们探索的机会和空间，这样既保护了孩子们的好奇心和求知欲，又让他们得到尊重，并获得一次美好的情感体验。尊重幼儿的想法、支持幼儿的行动，这正是激发其探索兴趣、促进其主动学习的重要途径。林老师在一次普通的种植活动中看到了教育契机，努力地为孩子们营造宽松的氛围，鼓励孩子们大胆表达、勇于实践，共同探索更多的科学奥秘。实验结果也出乎林老师的意外，也让她对幼儿教育有了更深的理解：就像洋葱头可以有不同的形态和生长方式一样，每个孩子在成长过程中的表现也都不尽相同，呈现不同的姿态。花开有时，各美其美。作为老师，我们只要给予孩子们充分的尊重，他们也一定会给予我们出乎意料的惊喜。

言传身教，谨言慎行

幼儿教师在孩子们的成长过程中扮演着至关重要的角色，因此，必须时刻注意自己的言行，做到谨言慎行。在教学活动中，幼儿教师需要以温和、耐心的态度与孩子们交流；在日常生活中，应该以身作则，展示出良好的行为习惯和道德修养。

很多年以前，我们班曾有一个年轻的保育员老师，她是那个时期的临时工。中午，她负责监督孩子们午睡。有一个小男孩异常活跃，不仅自己不爱睡觉，还影响别人睡觉。这位老师不能不管，就想各种方法劝他睡觉。小男孩不仅不听，还跟老师吵起来了。下午我一上班，保育员老师就跟我们诉苦，说这个小男孩不睡觉，还跟她吵起来了，并质问她："你凭什么管我，你不就是个临时工嘛。"

听到这番话，我都感到有些震惊。一个5岁的孩子，怎么会知道临时工和正式工的区别，怎么会对老师表现出这样的态度呢？孩子能说出这样的话，我认为一定是大人之间的沟通太过随意了。由此，我们进行了反思，是不是也出现了不尊重临时工的情况，让孩子们感觉到了呢？我们也反思班级教师自身的言行举止，是不是没有做好师者的风范，而这些无时无刻不在影响着孩子们。

教师的语言和行为若过于随意，其影响不可估量。无论是闲谈张家长李家短的琐事，还是举手投足的细微动作，孩子们都会看在眼里，记在心里。这种无形的示范，对于孩子们的成长和价值观的塑造，具有不容忽视的影响。

我记得有这样一件事。我们班一个小女孩在午睡前散步时，故意使劲推门撞到了别的孩子。我赶紧制止，并说："你这样撞到别人了，一会上完厕所我可找你啊。"我很随意的一句"找你"，孩子却当真了。其他孩子们上床了，只有这个小女孩还站在远处，而我已经完全忘了之前的话，问她："你有什么事吗？怎么还不脱衣服呢？"她特别认真地说："王老师，您不是要找我吗？"孩子的话把我都逗笑了。可是笑完，我很后悔，随口一句话，孩子放在心里当真了。有时家长会开玩笑说："老师的话对孩子来说就是圣旨。"这足以看出教师的一言一行对幼儿的影响有多大。

所以，我觉得身为教师，言行举止不能太随意。在教学过程中，老师确实需要与孩子亲密互动，甚至可以跟孩子一起摸爬滚打地玩，以拉近彼此的距离，增强师生之间的情感纽带。但在互动过程中，必须注意自己的言行举止，时刻保持师者风范，展现出高度的专业素养，为孩子们树立良好的榜样。

2. 我与"小孩子王"们

带队伍中的"因材施教"和"珍视个体差异"

在工作中，我与同事们之间保持着一种积极互动、共同进步的伙伴关系。我们互相切磋专业，互相促进成长，互相支持鼓励，共同追求更高的专业水平。不管是作为一名在幼儿园工作41年的老教师，还是作为幼儿园的园长，我觉得我这个"大孩子王"在培养年轻教师方面都是责无旁贷的，我要带出一批优秀的"小孩子王"们。我多年的一线经验对年轻教师来说是不可多得的财富，可以为其成长提供有力的支撑和借鉴。即使是我在工作中曾经犯过的错误、得到的教训，也都可以成为他们的前车之鉴，希望他们能够从我的经历中汲取智慧，避免重蹈覆辙，更快更好地成长。

北大幼儿园规模较大，教职员工人数众多，年轻教师群体相对也很庞大。就像我们常说"孩子们有个体差异，教育过程中需要因材施教"一样，对年轻教师的培养也是如此。幼儿园中年龄相当的年轻教师很多，但他们表现出来的个性千差万别，能力水平也是参差不齐。对这些特点，作为管理

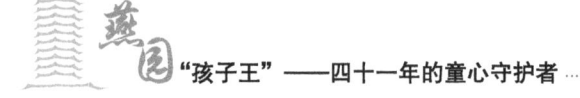

者需要用心观察，找到每个人的优势或特长，给予他们必要的支持，让他们发挥所长。

有的老师性格外向，个性活跃，具有很强的表现力，能够将她心中所想、平日所学或是长期积累的东西淋漓尽致地展现出来。在各种活动中，他们比较显眼，可能还有点儿"人来疯"，不怵大场面，用"显眼包"来形容也不为过。这样的老师自然能够吸引管理者的注意，得到青睐，一旦幼儿园有观摩活动或者交流展示活动，肯定最先想到他们，因为他们用起来得心应手，能够轻松驾驭各种场合，展现出幼儿园的教学风采。

但是，作为一园之长，我面对的是全园的教师，这样的做法会不会失之偏颇？如果一直这么下去，那冒尖儿的永远冒尖儿，平庸的永远平庸。那些因个性内敛或内秀而看似比较平庸的教师何时才有出头之日？他们的发展平台在哪里？怎样才能给他们提供展示自己的机会？推动整体的教师队伍获得快速成长，让每一位教师都能自信地说："我是最棒的""我是最称职的"，这是我在带队伍的过程中追求的一个美好的目标。

教师们带孩子的时候，要珍视个体差异，因为孩子们只是花期不同，但早晚都会开出美丽的花朵。无论是引领"大孩子"，还是呵护小孩子，我觉得本质上是相通的——尊重与引导。作为一名教育工作者，当我们需要带领或管理一个队伍的时候，应该带着我们作为教育家的特质，将带小孩子过

三 "孩子王"的智慧与传承

程中总结的理念、经验或办法迁移过来。这一点是我体会比较深的,也是在与我的老师或同事们交流中经常会谈到的。

我们园里有一位萍萍老师,她面对任何工作都特别稳重,一丝不苟,与孩子互动过程中极具耐心,学习能力也很强,但是却不善于情感表达,总是显得比较严肃,给人的感觉有点儿"冷"。我经常会提醒她:"你跟孩子互动的时候要热情一点儿,多一点儿笑容。与家长沟通的时候,态度也要更加温和一些,这样会显得更加亲切。"萍萍老师知道了自己的不足,努力地改进,一段时间以后,她跟我说:"我现在已经很温和,很亲切了。"随后,我又观察了一下,发现她确实温和很多了,音调柔和了,表情也很亲切,但是她说话时的用词和表达方式还是让人觉得有距离感。比如,一个小朋友吃完饭,忘记刷牙了。萍萍老师会对他说:"请问,你刷牙了吗?"或者"你怎么又忘了刷牙呢?"虽然音调很轻柔,但听起来还是有责怪的意思。在与孩子互动中,我们提倡使用正面的引导语。比如,刚才这句对孩子的提醒可以换一种方式表达:"豆豆,你是想去刷牙吗?你刷牙的时候,记得教教毛毛用正确的方法刷牙。"这样给孩子的感觉完全就不一样了,在提醒的同时也鼓励了豆豆,同时还不露声色地提醒了其他可能也忘记刷牙的小朋友。

萍萍老师天资聪颖,笃实好学,对各种理念道理都有自己的理解,所以单纯地向她灌输大道理,恐怕难以达到预期的效果,关键是如何引导她自我觉察,让她能够自己意识到问题所在。于是，我在提示她的同时，建议她尝试两种办法：第一，在跟孩子说话的时候，注意观察孩子的眼神和表情；第二，将自己和孩子的对话录下来，没事儿的时候听一听，看看有什么感觉。

之后，萍萍老师就按照我的建议尝试并调整了自己。过了一段时间，她见到我的时候说："王老师，您那次给我的建议真的非常管用，我这回真的调整了。一来，我尽量笑着说话，跟孩子说话之前，我先笑；跟家长沟通之前，我也先笑。二来，从肢体上，我努力做到蹲下来与孩子交流。我发现了自己原来有个最大的问题，就是喜欢站着跟孩子交流。这时候我其实是低垂着眼睛看孩子，而孩子跟我说话的时候，要不就是仰着头，要不就是觉得自己犯错低着头。这样的情况下，我跟孩子之间就很少有眼神的交流。而孩子要在平视的状态下，才能感受到老师的柔软和温和。这一点，我现在非常注意。"

她又说："王老师，我的这些体态和表情的调整并不是演出来的，而是发自真心的。孩子们都很聪明，他们能感受到这种真心。每一个孩子在我心里都是最棒的，我一定要让他们感受到我对他们的爱。刚才说到的这些方式让他们感觉到了老师的喜欢，然后我就能跟他们更好地互动。我还把这样的交流方法迁移到与家长的沟通中，迁移到与同事们的交流中，也很奏效。"原来，有些同事对于跟萍萍老师交流确实有点儿发怵，因为她总是很严肃，不苟言笑，因而她与同事们之间的关系也欠缺一点儿温暖。自从她做了自我调整,与同事们的关系就更融洽了。

和萍萍老师之间的这个小故事也给了我很多启发。在与年轻教师相处的时候,我总是努力将自己的经验和建议传授给他们。我坚信这种口口相传,亲身传授的方式是最直接、最有效的。当我和年轻教师们的沟通变得流畅无阻时,我便能顺畅地将我的想法告诉他们,他们也会积极地接收、实践,并反思感悟后,又给我反馈回来。在这个过程中,我得以窥见许多作为管理者难以觉察的细微之处,不仅自己受益匪浅,更体会到教学相长的真谛。

让每一颗金子都能发光

在幼儿教师群体中,还有这样一类,他们为人和善,充满爱心,对待孩子总是如春风般温暖,耐心细致,但是在表达方面却稍显笨拙,业务能力也差强人意,但这样的教师,同样值得我们尊重和珍视。管理者要善于找到他们隐藏的闪光点,经过打磨,让他们都能闪闪发光。

对于业务能力强的教师来说,组织二三十个孩子进行教学或活动,那是轻而易举:话语不多,就能让孩子领会要求;时间不长,就能调动孩子的情绪;组织活动的过程中非常善于抓住孩子的注意力,提升孩子的专注度。但是,这种能力对于园里的丽丽老师来说却非常不容易。给孩子们提要求的时候,她总是说得很冗长,语调平平淡淡,缺乏抑扬顿挫的感觉,所以经常是她在说话的时候,孩子也在说,整个教室乱哄哄的。组织活动的时候,也平淡无奇,没有任何出彩的地方。曾经有人提出,丽丽老师能力不行,得淘汰,以后招人一定要招聘有灵气的老师。

三 "孩子王"的智慧与传承

我却不以为然，因为我在丽丽老师身上看到了她的独特之处。首先，丽丽老师思想品质优秀，特别诚恳诚实，对待工作兢兢业业，乐于奉献，不斤斤计较，还不张扬。其次，丽丽老师有我认为的身为幼儿教师最重要的职业素养——特别爱孩子。她能够把所有的孩子都放在心尖尖儿上，不管是对乖巧懂事的孩子，还是淘气捣蛋的孩子，抑或是发展慢一些的孩子，她都一视同仁，满眼都是爱。这种深沉而细腻的爱，在我看来，是成为"孩子王"所需具备的最宝贵的品质。所以我坚决地把她留了下来，并给她提供适宜的环境，发挥她的长处，让她在这个集体中获得更好的成长。那个时候，幼儿园还设有托班，招收 3 岁以下的小朋友。我们安排她从托班开始带，以充分发挥她温暖、耐心的优势。果不其然，丽丽老师的表现非常突出，与孩子们相处时充满了慈祥的母爱，把自身的优势展现得淋漓尽致。随着时间的推移，丽丽老师不仅得到了家长们的喜爱，也获得了同事们的认可，因而也变得更加自信了。

另外，丽丽老师在书法和绘画方面还拥有优势和特长。每当幼儿园里需要美化环境，或者需要举行一些绘画、书法类团建活动的时候，我们就请她发挥特长，来牵头张罗。这一类为孩子们服务、为大家服务的工作，丽丽老师都特别喜欢，也非常热心，于是幼儿园里的孩子和老师们都对她愈发喜爱，她也开始熠熠生辉。

就这样，那位一度深陷自卑的泥沼，总觉得自己太过笨拙，与身边同事相比总是不够灵巧，因而觉得自己很失败、不称职的丽丽老师，经过我精心的安排，以及从管理层面上根据她的特点给予的支持，她逐渐走出了阴霾，变得越来越自信，同时也有了信心和热情去提高她自身的不足之处，朝着更好的方向迈进。如今，丽丽老师经过全园范围的竞聘成为年级组长，由此可见她近年来的成长进步以及全体老师对她的认可和敬重。

再讲一位帅帅老师的故事。帅帅老师的性格温和，不喜张扬，乍一看没有什么特别，也不拔尖儿。但是相处一段时间后，我发现她身上潜藏着成为优秀"孩子王"的特质。她善于思考，能将心中的想法自然地运用到实际工作中，特别是运用到家长工作中。她与家长之间的沟通总能达到四两拨千斤的效果，对待不同性格、不同背景的家长，她都能因人而异，采用自己独特的方法去沟通，展现出了极高的情商和应变能力。

幼儿园有很多孩子经常是由爷爷奶奶或姥姥姥爷接送。老一辈的人接送孙辈时，常常表现出一种特殊的关切，经常会对年轻教师不放心，显得格外唠叨或啰唆。在帅帅老师班上就有一位这样的奶奶。起初，她对老师们不太信任，每次见到班上老师，总会提出各种问题或要求：我家孩子今天吃饭怎么样？中午睡了吗？睡觉的时候，你们应该这样做，不能那样做……仿佛每天来幼儿园，她都要对老师们进行一次教育。然而，帅帅老师却表现得非常耐心，并且有着自己的应对策略。她准备了一个小本子，每当这位奶奶来提要求的时候，她都认真地把每一条记下来，并表示："好的，我们一定按照您说的方法试试，好好向您学习。我们几个老师都很年轻，您一定得好好指导我们。"这种诚恳和谦逊让这位奶奶深深地感动了，之后也就越来越放心。又过了一段时间，她就不再给老师们提意见了。

遇到这样的家长，很多老师会觉得困扰，可能会直言不讳地说："您说的我们都很清楚，幼儿园都有明确的规定。您放心吧，我们都是专业的。"但是对于老年人来说，他们可能并不在乎你是否专业，反而这种高高在上的态度很容易让他们反感。但是帅帅老师这样拿小本认真记录的做法，对于老人来说是极大的尊重和认可，也赢得了他们深深的信任。

那个班级帅帅老师带了三年，孩子们要毕业的时候，全体家长自发地要给她办一个答谢会。她婉拒了，并表示她只是做了自己应该做的，家长们如此的感谢让她觉得挺惭愧。答谢会没办成，家长们就又写感谢信，又送锦旗。

帅帅老师平时给大家的感觉是朴素低调，不显山不露水。当我们发现了她在家长工作方面的优势后，便将她作为典型，放大她的这种优势，请她将经验和想法分享给别的老师。原本，帅帅老师给自己的定位是在幼儿园做一个平凡而踏实的幼儿园教师，默默耕耘，踏踏实实地完成自己的本职工作。经过我们的鼓励和引导，帅帅老师重新审视了自己，给自己找到了新的定位，发现了职业中的更多可能性。她不断地学习幼教理论，积极参加幼儿园的教研活动，投身于各级课题研究工作，在积累丰富的一线带班经验的同时，提升自己的理论和学术修养。这些年来，帅帅老师不断地挑战自己，不断地进步，现在的她也已经成长为一名出色的管理干部，成为一名名副其实的"孩子王"。她将自己这些年的成长经历和实践经验传递给更小的"孩子王"们，带着他们一起成长。

帅帅老师成长过程中经历的一次次挑战，也给她带来了很多感悟和灵感。大班的时候，各个班级都需要根据自己班孩子的发展状况设计合适的幼小衔接主题活动，帅帅老师设计的活动主题就是"挑战自我"。我深信，她在构思这个活动的时候，一定有她内心的体悟：面对挑战时，既要有勇往直前的勇气，又要能够客观审视自我，发挥自己的优势，付出不懈的努力，最终实现自我成长。她希望自己带的这些孩子们也能珍视自己的独特之处，能够勇敢面对挑战，并享受迎接挑战过程中的快乐和成就感。

我们幼儿园的这支队伍，就如同一位经验丰富的"大孩子王"带着朝气蓬勃的"小孩子王"，大家互相助力，自己成长的同时，也能把这份成长过程中的经验和精华一代代地传承，同时也能回馈给可爱的孩子们，助力他们茁壮成长。

支持和信任，让强者更强

支持和信任不仅是一种情感的表达，更是一种管理智慧的体现。这种方法能够激发强者的潜能，让他们变得更加强大，同时也能够营造一种积极向上的氛围，让整个团队都充满活力和希望。

帆帆老师是我们从其他幼儿园引进的人才，她在适应新环境的过程中也慢慢地体会和感受北大幼儿园的文化氛围，并从中汲取精神力量。她曾经这样袒露过自己的心路历程，她觉得北大幼儿园带给她很多不一样的东西，这个环境促使她将平日感悟到的文化氛围、教育实践经验与上学时所学的专业理论知识不断地对照与结合，在这个过程中，觉得她自己不管是从教育思想上，还是教育水平上都得到了升华，深刻地感受到幼教工作是一份非常美好的事业。由此，她对自己孩子的教育态度也发生了改变。帆帆老师有两个孩子，在老大还小的时候，她对自己的定位是老师和妈妈。所以，她觉得老大应该对她言听计从，对老大的言语里充斥着要求、教诲、训斥，甚至经常以"我数到三"这种带有威胁性的方式要求老大执行她的"命令"。来北大幼儿园工作几年以后，这里所倡导的教育理念深深影响了她，随着自己的成长，在教育这件事情上，她变得更加从容，有了更加包容和接纳的心态，并将这些教育理念落实到家庭育儿上。她对老二的教育是以尊重和鼓励为主，经常对老二说的话是："儿子，你一定能行！""儿子，你都能帮妈妈干活儿了，你真棒！""这件事情你做得特别好，以后在别的事情上你一定会做得更好！"她颠覆了自己以前的教育观念，尊重且信任自己的孩子，能够看到孩子身上的闪光点，相信孩子能够主动成长。现在的她认为，面对一件事情时，孩子要有主动思考，主动完成任务的内在需要和内驱力，这种内驱力需要家长来激发，而不是说教或训斥能达到的。

我认为，帆帆老师在踏入北大幼儿园后，仿佛突然间体悟到了教育的某种真谛，从她讲的两个孩子的故事便可见一斑。作为学前专业本科毕业生，帆帆老师在校期间就以优异的成绩和扎实的专业知识脱颖而出，显示出她过硬的专业素质。工作中，她善于思考，聪明好学，追求进步，所以她走进燕园，融入北大幼儿园这片沃土后，成长速度突飞猛进。作为管理者，我们在管理中也刻意地给她搭建成长平台，有适合她的大型竞赛或重大活动的时候，我们会举全园之力，帮她出谋划策。在这样温暖的氛围和满满的爱的包裹下，在集体力量的支持下，帆帆老师仿佛点燃了自己的小宇宙，多次在市、区级的各类教学大赛、竞赛活动中获得一等奖、特等奖,这样耀眼的成绩不仅为北大幼儿园增添了荣誉,也为团队中其他老师树立了榜样。

像帆帆老师这样,虽然原来就具备扎实的专业基础,但来我园之前,因为缺乏展现才华的合适舞台,潜能尚未被激发。因此,我们就要从管理和机制层面入手,搭建平台,让强者更强,优者更优。同时,对那些专业能力稍显薄弱或看似平庸的老师们,我们更应该深入挖掘他们的特点和优势,从细微处入手,放大他们的闪光点,助力他们朝着更全面、更高层次的方向发展。帆帆老师就是强者更强的一个特别典型的代表。经过在北大幼儿园十余年的辛勤耕耘,帆帆老师不管是在教学实践,还是教研科研方面,不管是普通教育,还是融合教育,都积累了丰富的经验。现在她已经担任了总园的业务主管,被评为北京市骨干教师,并作为市区重点人才被遴选进入北京市人才培养库。她自己已经成为一位非常优秀的"孩子王",带领着更多年轻的小"孩子王",培养和带队伍的同时,自己也在继续进步和成长。

除了帆帆老师,我们还有几位类似这种情况的老师,比如我们的博士老师。因为她学的是心理学,并非学前教育,所以我们就面临这样的问题:如何能够最大化地让这么一位心理学专业人才发挥出她的优势?儿童心理学、儿童发展心理学和我们的学前教育、教育学的结合点在哪里?这样的优势和结合点又怎么才能带动幼儿园的发展?

在博士老师刚进入幼儿园的时候，我们就开始了探索性的尝试，一点点地寻找切入点，寻找结合点。经过几年的探索，我们逐渐寻找到了突破点。

首先，我们将心理学运用到了孩子的发展评估之中，通过运用心理学的知识和方法，更好地了解孩子，把握孩子的发展水平和发展特点，并以此更好、更有效地指导老师们的教育实践。

然后，我们把心理学博士的专业力量运用到幼儿园的融合教育之中，经过多年的努力，将融合教育的模式和思想提升到了幼儿园教育理念的高度。

在博士老师的带领下，幼儿园教研室在教育研究方面取得了显著进展，成功地将心理学和教育学结合起来，使得对幼儿群体的观察研究更加科学，也提升了我们对幼儿发展支持和干预的有效性。其实不管是普通儿童，还是那些特需儿童，从心理学的角度来看，他们在包括心理发展的整个发展历程上既有共性特质，也有千人千面的个性特征，需要适宜的教育支持。在北大幼儿园，特需儿童在班级中与其他孩子一起享受融合的教育环境。在这个集体中，所有的孩子都能体会到，大家都是班级的一分子，都需要管理自己，关爱别人，每个人都有自己的优势和不足，由此认识到这个世界是多样的，也能够自然地接纳这种多样性，因而孩子们之间也是互相包容、互相尊重的。特需儿童在班级中不仅能得到老师的支持，也能从小伙伴那里得到支持。这种支持不是被动的，特需儿童也能在班级中发挥自己的力量和作用。孩子们互为成长资源，共同成长、共同进步。在这样的理念支持下，我们把融合教育的模式和思想提升到了幼儿园教育理念的高度：我们的融合教育不仅仅是对那几十个有特殊需要儿童的关注和支持，而是已经迁移到或者是扩大到对所有孩子的发展提供积极有效的支持。我们致力于创造一个包容、关爱、互助的教育环境，让每个孩子都能在这里茁壮成长。

《幼儿园教育指导纲要（试行）》和《3—6岁儿童学习与发展指南》都提到，要尊重孩子的个性，促进孩子富有个性的全面发展。从认为个别孩子是有个性或个性突出的，到承认或认可所有孩子都有自己的特点，都需要被尊重并得到个性化的支持，我们对幼儿教育和融合教育的认知提高到了新的高度。

一转眼，博士老师来到幼儿园已经十余载了，对于这样出类拔萃的特殊人才，我们为她开拓了一条特别的发展道路。这些年来，她对学前教育和融合教育的研究是始终根植于教育教学实践的沃土之中，而不是仅仅坐在教研室里，面对电脑闭门造车、纸上谈兵。每逢新生入园之际，她会带着她的团队走进班级，细致入微地观察每一名新生，每一个孩子她都要亲自过问一遍，完成初步的筛查。此后，孩子们在幼儿园成长的过程中，博士老师带着研发室、教研室和班级老师们始终保持无障碍的协作、沟通和支持。在需要的时候，她也会直接面对孩子和家长，给予直接且高效的支持和指导。

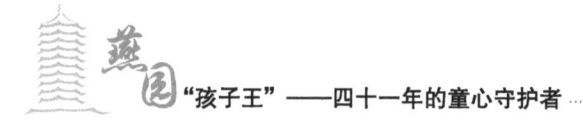

身处这样鲜活的育人实践的第一现场,博士老师的专业有了用武之地,得到了得天独厚的成长环境。现在的博士老师已经享誉全北京市,甚至在外省市好多地区都备受推崇,成为大名鼎鼎的学前教育专家。

　　这些年来,博士老师也为我们幼儿园的发展、孩子们的成长,以及老师们的专业成长做出了很大的贡献。虽然身为园长,我承担的是引领团队的重任,但其实我与她的关系更多的是教学相长的关系,实际上,我从她身上学到的远比我给予她的多得多。在日常的工作之中,博士老师经常会从心理学的角度或视角,帮我分析管理或教育教学中的问题,给我一些建议和指导。这些建议和指导,在我思考幼儿园的发展方向的时候常常能够起到暗室逢灯的作用。当我因工作中遇到的巨大压力或困难,而陷入情绪困境时候,她都能够挺身而出,既帮我疏解情绪,也会从行动上给予我切实的帮助,也让我更加坚定了继续前行的信心。

大胆任用年轻人

付付老师是北京师范大学培养的硕士,专业是学前特殊教育,2007年来到幼儿园工作,她的成长也具有典型性。此前几年,我们幼儿园已经成为北京市特殊教育基地,也收了一些特需儿童,所以我们就特意引进了付付老师。

那时候,特殊教育专业毕业的学生毕业后一般都会去特殊教育机构、培智学校等地方工作,鲜有毕业生来到普通幼儿园工作。刚入职的付付老师有点儿迷茫:北大幼儿园就是一个普通幼儿园,我去能做什么?工作应该从哪里做起?

刚开始,我们安排付付老师进入幼儿园的特教小组。这个特教小组负责幼儿园几个特需孩子的日常训练和管理。这几个孩子的情况各不相同,他们在班级上课,参加个别化训练以及小组课的时间也都参差不齐。她的主要任务就是给这几个孩子做一些干预、指导和专门性的补救教学。于是,除了去班级接特需孩子上个训或小组课,其他时间付付老师与班级老师接触不多,沟通交流也少,同事们对她不是很了解,彼此间仿佛并没有太多的共同语言。这也让初来乍到的付付老师茫然若失。

无独有偶，2007年，北大幼儿园在北京市教委的支持下成立了特教资源中心。鉴于付付老师在特殊教育方面具有很强的专业基础，我们就鼓励她逐渐承担起特教资源中心的工作，除了带好几个特需孩子之外，还要在实践的基础上做一些科研工作。那时，在普通幼儿园里实施特殊教育或者称之为融合教育，几乎没有经验可循，北大幼儿园在国内可谓是开拓者。如果我们能够在这方面做出一些实践和研究的成果，不仅能让我园的这几位特需孩子受益，还能通过我们的特教资源中心将经验和成果传递给其他幼儿园，让更多的幼儿园和孩子们受益。

付付老师对于这项任务展现出了坚定的决心和旺盛的干劲，而幼儿园也给予了付付老师很多支持和帮助。首先，幼儿园先后任命付付老师担任特教教研小组组长和特教资源中心副主任，允许她带领她的小组在"走出去"与"请进来"的过程中不断扩大资源共享的圈子和实践研究的影响力。其次，邀请博士老师一起参与到特教资源中心的工作中来，与付付老师并肩作战，尝试着将特教、普教以及心理学这几个专业结合起来。逐渐地，他们发现这些专业不管是从策略、方法还是理念上都可以相互借鉴和融合，从而摸索出一条在普通幼儿园开展融合教育的崭新道路：并非将特需孩子单独隔离在一个教室，针对这一个孩子进行所谓的治疗；而是将特需孩子跟普通孩子融合在一个班级里，对特需孩子的支持和帮助更多的是在融合教育的班级当中去实现，让他们能够在更自然、更真实的环境中接受教育和关爱，真正实现了教育的公平与包容。

付付老师原本学的专业是特殊教育，其含义更多的是针对有特殊需要的孩子进行一对一的特殊教育。而这种融合教育的模式对她的专业成长也是很巨大的一个挑战。在这个探索、研究、合作的过程中，付付老师与园里其他老师以及其他幼儿园或相关单位的老师和工作人员的交流和交往越来越多，我觉得她也变得越来越开朗，心胸眼界更加开阔。

接下来，我们又把特教资源中心的研究范围进行了扩大化，不仅仅是研究园里的这几个带着标签的特需孩子，还要研究其他的普通孩子，挖掘他们身上个性化的特质，他们的成长过程中遇到的困难和障碍。这样，融合教育不仅仅能让特需孩子受益，其理念和教育模式也迁移到了普通孩子身上，普通孩子和特需孩子互为成长资源。

在这十多年对融合教育的探索和实践过程中，付付老师、博士老师，还有我们班级中的老师们、幼儿园的管理者、各部门的工作人员都做出了很大的努力，家长们给予了我们很多的理解和配合，教委以及其他的一些专业力量也给了我们各种支持、指导和引领，因而，北大幼儿园能够在融合教育的道路上取得了一定的成绩并不断前行。

经过多年的相处和磨合，我们也发现付付老师是一位非常敬业、聪慧、正直的教师，具有很强的学习能力和探索精神，经过十多年的磨砺，她实现了在专业上的显著成长，视野日渐开阔，思想境界上也有了质的飞跃。如今，融合教育已经成为整个幼儿园的核心教育理念之一，因而需要付付老师继续为融合教育和幼儿园的发展贡献力量。付付老师的个人成长与幼儿园的发展框架互相契合，她不仅要在这个框架内不断充实和进步，而且应该成为构建这个框架的关键力量。所以，付付老师从最初的教研工作的管理，逐渐开始承担起分园的业务管理工作，随后又担任了分园长的职务，负责整个分园的全面工作。

在管理岗位上，付付老师既要学习怎么管理一个幼儿园的人、财、物、事，以确保分园能够有序且优质地运行，同时她还要致力于将融合教育融入幼儿园的教育教学实践中，使之渗透到幼儿们日常生活的点点滴滴。她将通过自身努力，去影响整个园所，影响所有普通班级。付付老师管理的分园不仅立足于坚实的专业基础之上，更展现出一种积极向上的精神风貌和充满活力的教育氛围：教师热爱学习，勇于钻研。很多普通班级教师的教育观念也逐渐向融合教育的方向调整：班级里的特需孩子并不是异类或者负担，而是班级中不可或缺的一员；这些孩子只是有点儿个性化的需要，专职特教老师对其有管教职责，自己和班级里的其他老师也需要在充分了解和尊重的基础上给予其关爱和支持。

三 "孩子王"的智慧与传承

在我们为付付老师搭建的这样一种发展阶梯上,付付老师实现了自我提升,能力更加全面,也走上了更加适合她的发展平台。前两年,我们承接了国家机关幼儿园的承办工作,我们大胆地任命付付老师,让她承担起了这个一园三址的、规模较大幼儿园的全面筹备和开办工作。2023年9月,其中的一个园已经开园,迎来了开门红,9个班几乎都满额,这离不开付付老师在筹备阶段的辛勤付出。开园后园所提供的优质教育服务以及付付老师的专业能力和敬业精神得到了广大家长、同事和社会的高度认可,为幼儿园的长远发展奠定了坚实的基础。

3. "小孩子王"和孩子们

给蔬菜搭过冬的房子

　　阳光明媚的午后，微风轻拂，却带着一丝寒意。孩子们纷纷双手环抱胸前，口中嘟囔着："好冷呀！"他们总是擅长用夸张的方式来表达自己的感受和想法。此时孩子们正好经过苗苗农庄，他们皱着眉头说道："这么冷的天，蔬菜会冻死的，这可怎么办呀？"小燕老师敏锐捕捉到了这一自然的教育契机：这不仅是让孩子们了解自然规律的好时机，更是培养他们同理心、激发讨论热情的绝佳契机。她适时提出问题："那么，我们该如何帮助蔬菜过冬呢？"

　　受直觉思维驱动的幼儿由体感的冷联想到保温的问题。有的孩子说："那我们给蔬菜盖上被子吧。"有的孩子说："穿上棉袄就不冷了。"孩子们的这些想法虽然都是保暖的方法，但要落实，还需要考虑可行性。小燕老师首先肯定了孩子们的这些想法，然后进一步引导大家要考虑保暖对象是植物，这些方法对地里的蔬菜来说是否合适？这样的引导使孩子们开始从直接的感性思考，逐渐转向更为系统、全面的理性思考。

三 "孩子王"的智慧与传承

盖被子
我觉得盖上厚被子可以变暖和,给蔬菜也盖上被子吧!

亭子保温
可以盖一块布,还可以盖个亭子,加暖气。

保温杯
保温杯也可以保暖。

图 3-3 孩子们关于如何保暖的想法

经过讨论,最终孩子们根据植物的生长条件,结合日常生活中常见的房子外形,经历了从发散思维到逐渐聚焦的过程:问题产生——推理设想多种保温方法——明确任务:给蔬菜搭过冬的房子。他们要造一座兼具透光性、保暖性、透气性的四方形"房子"。

我觉得不能用棉被,因为植物生长需要光照,盖住的话会照不到阳光。

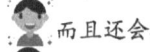

而且还会把植物压死,闷死了怎么办?

那用有孔的,那种薄薄的布不就行了。

你是说纱布吗?

纱布肯定不行,这么轻,万一被风吹走怎么办。

图 3-4 孩子们关于材料的讨论

图 3-5　孩子们关于四方形房子的设计图

经过插、缠、剪、拼贴等技术动作实现工程设计，四方形的蔬菜过冬房终于搭建完了，这个房子能帮助蔬菜度过北京严寒的冬天吗？

图 3-6　搭建完成的四方形房子

三 "孩子王"的智慧与传承

没想到隔天一场大雪,孩子们热情搭建的保温房坍塌了。

图 3-7 大雪把孩子们的四方形房子压塌了

其实,"没想到"的只是孩子们,搭建之初,小燕老师便知道结构不牢固,预见了倒塌的必然性。但那时,孩子们正沉浸在动手将设想落实的乐趣和成就感当中,于是她便看着孩子们忙忙碌碌地搭建"房子",给予他们大胆尝试和试错的机会。现在,小燕老师只能"残忍地"将失败的现实推到他们面前,但"塞翁失马,焉知非福",大自然竟然赐予了她一个宝贵的教学契机,保温房倒塌的真实情境,再次激发了幼儿的探索欲和挑战欲,孩子们继续深入探索。

趁着这股热情劲儿,小燕老师马上带着孩子们来到倒塌现场。面对真实的场景,他们比以往表现出更多的钻研特质。经过实地调查分析,他们提出新问题:如何搭建牢固的保温房?同时还研讨了倒塌原因,提出调整方法:分析出高度会影响结构稳定性,认为雪的重量会产生力,也会影响保温房的稳定性!最后,他们提出调整保温房搭建的形状及高度。看着孩子们有理有据地讨论,小燕老师心中充满了欣慰和自豪,不禁对孩子们竖起大拇指,肯定他们能积极动脑思考,联系实际和已有经验推理,并提出解决方法。孩子们似乎也受到了极大的鼓舞,在后面的探索中更加投入,并能不断优化方案,力求打造出更完美的保温房。

发现问题	调整方法
太高了,不稳,被风吹倒	搭矮一点,稳一点
雪压在平平的顶上,被雪压倒了	做三角形、圆形的顶,让雪能流下去

小朋友对话记录　　　　　　　整理汇总分析

图 3-8　孩子们现场研讨:对结果的分析和对新方案的调整

在设计表征和选择方案时,孩子们开始借助工具进行精准测量,确定保温房占地的长宽尺寸,积累了自然测量经验;为了提高搭建成功率,孩子们竟然主动提出先搭个小的模型进行试验,小燕老师对于孩子们能够萌发出工程建模思维深感惊讶,同时,也意识到这就是孩子们在一系列深度自主探究学习后的自然成长。

三 "孩子王"的智慧与传承

最后，他们讨论形成搭半圆形大棚和三角形大棚的两个方案。

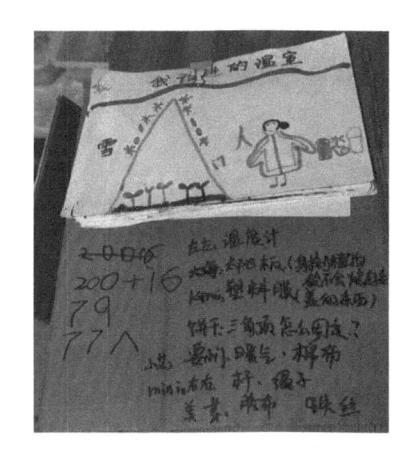

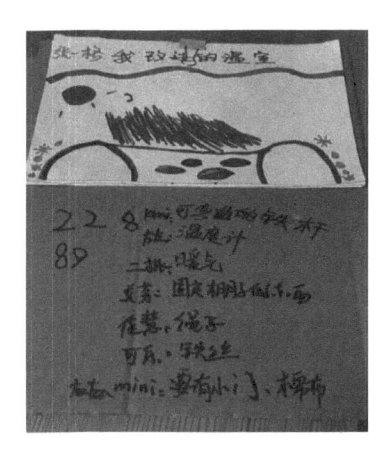

图 3-9　孩子们经过讨论形成的两个最终方案的蓝图

根据工程流程，在小燕老师的引导下，孩子们按照搭建步骤分组分工合作：一组负责绑扎组合零部件，组建框架；二组负责挖槽盖土，固定框架；三组负责切割、固定大张塑料膜，加盖"被子"。

保温房再次建好了，这次还会倒吗？终于又迎来了一场大雪，新修的保温房经受住了大自然的考验，他们成功了！早上一进班，孩子们都来不及放下书包，迫不及待来到小燕老师身边跟她分享这个喜讯，眼里、话里充满着自豪和惊喜，老师也被孩子们这种浓烈的情感所感染，和孩子们一同欢呼雀跃起来！

图 3-10　孩子们搭建的房子经受住了大雪的考验

近年来，一种跨学科的 STEM 综合教育模式，即科学（Science）、技术（Technology）、工程（Engineering）和数学（Mathematics）相融合的教育模式，在幼儿园、小学、中学都比较流行，其核心就是吸引孩子不断进行自主深入的学习探究。对于幼儿园来说，STEM 教育的机会就蕴含在日常的一日生活之中，关键在于教师是否能够敏锐地发现并抓住这样的契机，给予幼儿充分的机会，因势利导地激发幼儿主动探究的兴趣和积极性。小燕老师正是这样一位善于捕捉教育契机的优秀老师，随着一个个生动鲜活、极具教育价值的问题不断喷涌而出，她适时地引导、激发孩子们更丰富的跨学科经验，增长他们的知识技能，促进幼儿更高阶的思维发展。正如《幼儿园教育指导纲要(试行)》中所说:"科学教育应密切联系幼儿的实际生活进行,利用身边的事物与现象作为科学探索的对象。要尽量创造条件让幼儿实际参加探究活动,使他们感受科学探究的过程和方法,体验发现的乐趣。"给蔬菜搭保温房的活动中,幼儿能够从开始的好奇心驱使,到最后真的搭出了蔬菜保温房,离不开教师的支持和引导,也体现了教师的教育智慧,以及对幼儿充分尊重和信任。

蚕宝宝的新家

有一年的中班下学期,涵涵老师班正在为植物角丰富内容。孩子们带了很多的植物和小动物到幼儿园,其中大家最感兴趣的是一个小朋友带过来的蚕宝宝。孩子们每天都争相到植物角,拿着放大镜去观察蚕宝宝,他们心中充满了疑问:"蚕宝宝吃什么?""蚕宝宝长大会变成什么样,会变得很大很大吗?""他们会不会爬出来?"一个一个问题在他们的小脑袋里打转。生命之间总会因为某种关系产生联系,一片小树叶、一棵小苗、一只小蚂蚁都会让我们感叹生命的奇妙。孩子们通过观察蚕宝宝衍生出一系列的问题,正是一个探索生命奇妙历程的好机会。

随着小蚕一天天长大,孩子们又提出新问题:"蚕宝宝长大了,这个盒子住着太挤了,能不能给它们造个新家?"涵涵老师趁孩子们热情正高,抛出这样一个问题:"蚕宝宝的新家什么样?"孩子们于是展开了讨论,他们说:"新家必须很大!""蚕宝宝会找一个角落结茧,因此每个蚕宝宝

三 "孩子王"的智慧与传承

都得有自己的房间。"根据孩子们的想法，涵涵老师决定带着孩子们开展给蚕宝宝建造新家的活动，建造目标就是"有单间的新家"。

像真正的建筑师一样，孩子们先开始设计蓝图，在画纸上画出心目中蚕宝宝的房子。之后，再根据自己的设计，选择想要的材料。经过讨论，他们决定按照所选材料分成4组制作（如图3-11）。在正式建造之前，他们经过简单实验，先验证了一下这些材料，淘汰了很不结实的塑料袋，于是只剩下了3个组。

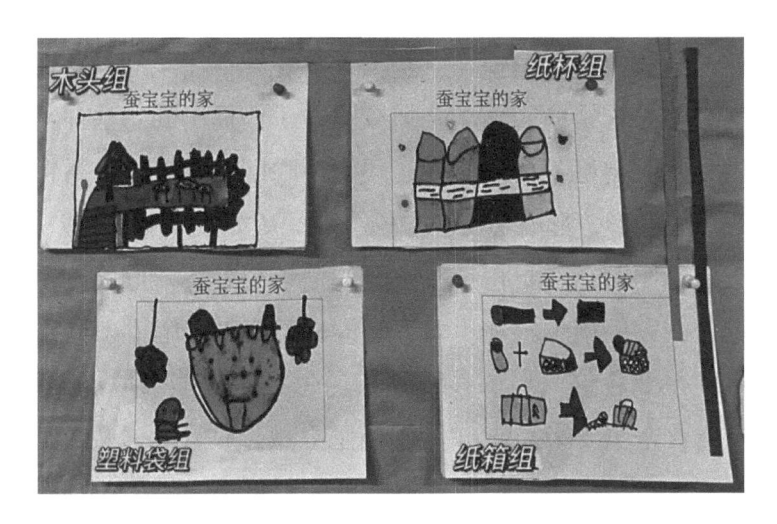

图3-11 孩子们设计的四种方案蓝图

正式开始搭建蚕宝宝的家了。木棍组的孩子们一开始想把雪糕棍粘在A4纸上，固定房子的底座，但发现纸太软了，没办法拿起来。这时有小朋友提出可以用硬点的板子垫在底下。底座固定好了,开始建围墙。涵涵老师认真观察着他们的操作,抛出了一个颇具挑战的问题:"怎样才能固定好雪糕棍呢?"小小说:"不如试着把木棍插进去吧。"当当听了马上动手尝试:"我试了一下,可以插进去但是好像不太稳,而且这个木板太容易坏。"最后涵涵老师和孩子们反复讨论,经过多次尝试,终于发现可以像编织一样,把横着的雪糕棍和竖着的雪糕棍交叉互插,于是大家开始动手制作。在搭好了外部框架以后,他们开始给蚕宝宝的家做方便结茧的小隔间和装饰。有人提议用小木棍一个一个粘在一起做成小房间。在尝试了胶棒、双面胶等很多工具发现粘不住以后,他们决定向老师寻求帮助。涵涵老师按照孩子们提出的想法,帮他们用胶枪固定好,最后他们在"家"中间放了4组由雪糕棍粘成的十字形,形成了蚕宝宝的小隔间(如图3-12左上)。

纸箱组的孩子觉得纸箱上面的盖子总是不能固定,于是决定先把它们剪掉,并用剪下来的材料来做小隔间。硬纸板有点硬,而且这一组的孩子不知道怎么剪才能形成小隔间。豆豆自告奋勇要来操作:"我知道怎么做,我得把这两块纸板插在一起,所以得先剪开,但是不能剪断。"涵涵老师问她:"那你怎么确定两个纸板的距离刚刚好呢?"豆豆一边说一边为大家示范比画:"我就这样对齐这两块纸板比一下就好啦。"豆豆成功了,带着隔间的小房子已见雏形。有的孩子说:"这个纸箱有点丑,我们能不能把它变成彩色的啊。"大家纷纷说出了自己的想法，有人想直接用水彩笔涂色，有人想剪一点小贴纸贴上去，大家各显神通，一起分工合作，终于做好了蚕宝宝的纸箱新家（如图3-12右上）。

纸杯组的创意很简单却很实用，他们直接用一个一个小纸杯连接起来，就达到了单间的效果。浩浩提议："每个纸杯里可以放1个或2个蚕宝宝，这样他们就不会觉得挤了。"但是看事容易做事难，动手操作起来的时候他们遇到了新问题——用胶棒连起来的纸杯总是会倒。涵涵老师始终在一旁观察，发现他们的制作停滞不前了，于是提议让大家一起想想办法。毛毛说："你看像我这样把纸杯靠在一起就变稳了。"小艾好像由此受到了启发，和大家说："看来我们得多做一点纸杯房子了，我发现连接起来的纸杯越多，这个房子就越稳。"于是大家按照这两位小朋友说的方法进行尝试，果然纸杯房子变得更加稳固了（如图3-12下）。

就这样，经过设计、实验、搭建、装饰，三组都为蚕宝宝做出了独具一格的、有单间的新家。孩子们聚在一起，兴致勃勃地欣赏、分享了彼此的劳动成果。

《3—6岁儿童学习与发展指南》中提道："要重视幼儿学习品质的培养，要充分尊重和保护幼儿的好奇心和学习兴趣，帮助幼儿逐步养成积极主动、认真专注、不怕困难、敢于探究和尝试、乐于想象和创造等良好学习品质。"涵涵老师作为年轻教师，但对教育理念和幼儿的培养目标已经理解得很深刻。她非常善于捕捉孩子们的年龄特点和兴趣所在，并据此

图 3-12　三组最后的成果

点燃孩子们亲身探索和实践的愿望。这次活动来源于教师与孩子日常的互动，生发于生活中的真实情境和真实问题。在活动中，老师给予孩子们充分的时间和机会去想象、交流、尝试，让孩子们感受生命的奇妙，体验成功的喜悦。孩子们在活动中互相协作，主动探究，遇到问题想办法解决问题，孩子们不怕困难的坚强品质，互相帮助的团队精神和主动专注的学习品质也在这样的活动中自然地形成。

三 "孩子王"的智慧与传承

探秘幼儿园的古树

春天到了,幼儿园里花草树木的变化引起了孩子们的注意:"这棵树上挂的牌子怎么是绿色的?""那是古树的牌子",认识字的小朋友指着上面的牌子与同伴交流起来。"什么是古树呢?""就是古代的树。"还有的幼儿说:"就是古代的武术呀!有牌子的树都很粗,树干越粗就越古老。""可大型玩具旁边的树特别粗,它为什么没有挂这样的牌子呢?"听着孩子们关于"古树"的对话,李老师决定带着他们去探秘幼儿园里的古树。

活动前几天,李老师将活动预告发给家长们,意在请家长利用周末的时间带着孩子们去观察身边的树,或者一起查阅资料了解古树的知识。活动开始,李老师先请孩子们分享自己对古树的了解。依依说:"古树就是超过100年的树。"听到100这个数字,孩子们惊叹道:"哇,100年,比我爷爷的年纪还要大!""那不就像个老人一样了嘛,走起路来弯着腰。""那它需要拐杖吗?"100年的古树成了孩子们讨论最热烈的话题。"老师，那我们幼儿园有没有古树呀？有多少棵古树？它们都是什么树呢？我们好想去看看它的样子。"好奇心被充分点燃了，于是，李老师带着孩子们开始寻找幼儿园的古树。

孩子们被分成三组，带着观察记录表出发，分别去前院、中院、后院实地观察、统计，然后回来分享每组的发现。第一组中识字的小朋友看到前院大厅门口的树上挂着的牌子时，犹如发现宝藏一般兴奋地大叫起来："老师，我发现了古树，牌子上面写着呢！""它上面挂着绿色的牌子。"这时，树上挂着小球球引起了毛毛的注意，他认真端详后说："这棵树会让我爸爸的鼻子不舒服。""是那个小球球吗？它叫什么名字呀？"好奇的孩子们驻足在树下讨论了起来，在一问一答中，孩子们知道了这棵古树叫桧柏，是二级古树，已经有200多岁了。

第二组的孩子们在中院找到两棵银杏树，但问题也随之而来：为什么同样都是210多年的古银杏树，树干的粗细却不一样呢？好奇的孩子们为了验证自己的观察，甚至用小手指分别量起两棵树干的粗细。看到孩子们强烈的求知欲，李老师试图引导孩子们再仔细观察周围的环境，看看能发现什么？细心的孩子很快就发现，原来这棵树干细的古银杏树长在沙坑里，而且旁边的房子挡住了它的阳光。经过这样的比较，他们知道了即使树的年龄一样，生长的环境不同也会导致生长速度不同，所以树干的粗细也就不一样了。小七说：

"就像我们班小朋友一样,如果营养不均衡,长得高低胖瘦也就会不一样。"

去后院的小朋友发现了一棵260多年的大树,围着大树开心地用手摸了又摸:"老师,这棵大树好粗啊,我们好几个人手拉手才能围住树干。"孩子们仰头看着这棵年龄最大、树干最粗的大树,感受着大树坚强的生命力;用手抚摸树皮,感知生长的力量;用鼻子闻着这棵大树,体验从260年前至今承载的生命气息。在观察、探索和交流中,孩子们知道大树也有自己的名字;同种类、同年龄的古树,树干的粗细也有可能不一样;不同种类的树它的树皮摸上去的感觉也是不一样的。

孩子们将三个小分队的统计结果进行了汇总,计算出幼儿园里一共有8棵古树:1棵油松、2棵银杏树、2棵国槐、3棵桧柏。它们都是二级古树,年纪都超过了两百年,年龄最大的那棵已经260多岁了。

关于古树,孩子们还有很多疑惑,每一点疑惑都值得我们一起探究,而每一次解惑的过程都是孩子们收获最多、最满足快乐的时光,也是孩子们增长见识、各种能力快速发展的过程。关于古树,李老师和孩子们能做的还有很多,在探究古树这条路上,他们将继续前行,带着孩子们去发现、去探索……

《3—6岁儿童学习与发展指南》指出:"幼儿的思维特点是以具体形象思维为主,应注重引导幼儿通过直接感知、亲

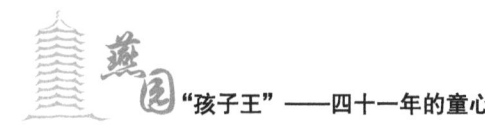

身体验和实际操作进行科学学习。"《幼儿园教育指导纲要（试行）》中明确提出："幼儿的科学探索应从身边的事物开始。"因此，李老师基于孩子们在生活中的发现，根据幼儿的兴趣和需要开展的活动，可以看出活动过程中幼儿参与的积极性非常高。在整个活动中李老师也充分利用幼儿园特有的资源，挖掘了社区资源，让孩子们在实践中通过直接感知、亲身体验进行科学学习，培养了孩子们的观察能力，科学探究能力。过程中，李老师为孩子们提供了自主探究的机会。对于孩子们提出的什么是古树的问题，李老师鼓励他们先通过调查、查阅资料初步了解，然后带领孩子们一起带着问题，去实地观察、记录，最后一起梳理、统计，整个过程体现了教师对幼儿观察、记录、梳理等科学探究能力培养的意识。

一起搭花架

万物复苏的春天,正是植物们生长的好时候。孩子们种植兴趣浓厚,小一班的小朋友一起把小植物搬进了两个新的"大房子"里。每位小主人把自己的名字贴到了花盆上,准备每天悉心照顾小植物。这时,问题出现了,大小花盆前后摆放,后排的花盆被前排的花盆挡住了,孩子们争吵起来,苦恼地说:"我们也想让自己的名字露出来。"小主人都想把自己的名字露出来,怎么办?

为了满足幼儿展示自我的心理需求,同时也满足幼儿的探究欲望,以此问题为契机,昕昕老师带着孩子们一起开启了一场快乐的STEM探究之旅。针对遇到的问题,孩子们展开了头脑风暴,经过激烈的讨论,大家决定搭建一个漂亮的花架。

搭建花架不是一件容易的事,贝贝最先提出问题:"用什么材料搭建呢?"看着跃跃欲试的孩子们,昕昕老师说:"那我们一起在幼儿园找一找吧。"乐乐说:"好呀,好呀,我们的幼儿园是百宝箱。"孩子们挑选了建筑区的积木、搭建的纸砖、晾衣架、小乐高……到底用哪种材料来搭建呢？佳佳提议："我们都试一试，然后再举手投票可以吗？"佳佳的提议得到了孩子们的一致认同。经过尝试和投票，大家最终选择了数量足够、容易拼摆的纸砖。开始搭建啦，孩子们你看看我，我看看你，抓耳挠腮地说："我们应该怎么搭建呢？"小班幼儿的搭建经验和生活经验都比较欠缺，于是，在昕昕老师和爸爸妈妈的帮助下，他们提前寻找了生活中的花架，了解花架的结构，小工程师们开始动工了。

小工程师们一共经过了五次搭建才得以成功，在搭建的过程中，每一次都遇到了不同的问题。在第一次搭建中，孩子们很迷茫，漫无目的地铺砖，铺了满满一层。昕昕老师有意识地提示和引导："我们之前观察的花架有几层呢？第一层和第二层一样高吗？"孩子们恍然大悟，小鹿说道："我知道啦，我知道啦，我们可以把砖放到后面，再把盆放上面就可以了吧，后面这一排就高高的。"小鹿的提议得到了大家的一致同意。于是老师带着孩子们开始了第二次搭建。孩子们开始尝试用手进行自然测量，结果却发现前面的盆高，后面的盆低。佳佳说："这不行吧，我们不是说后面的花盆放得高高的，前面的花盆放得低低的吗？我们还得再调整一下试试。"于是，孩子们决定调整搭建的位置，开始了第三次的搭建。孩子们聚焦问题点，对应的矮盆的位置，把砖搭建好再一起抬上去，结果发现后面的盆还是不够高。在孩子们热烈的讨论后，决定再加高一层，于是开始了第四次的搭建。但又出现了新问题，花盆里竖着的小牌子会撞到后面的栏杆，于是开始了第五次的调整。有人提议："来，我们再往前挪一挪就好了。"这一次，纸砖和花盆都向前挪动了一下，距离刚刚好，看起来特别稳固，高度也非常合适。"我们成功啦！"孩子们开心地欢呼起来。

本次活动起源于孩子们在种植的过程中遇到的一个小问题。一开始昕昕老师并没有意识到孩子们展示自我的心理需求如此强烈，但在孩子们有了纷争后，她及时捕捉到了这个契机，给予孩子们更多自主的思考空间，大家商量讨论来选择搭建材料、搭建方法。在搭建过程中，孩子们像工程师一样合作、探索，在实践中不仅解决了生活中的问题，更获得了解决问题的方法，也提升了自己的自信心和不怕困难的品质。正如《3—6岁儿童学习与发展指南》中提到的：成人要善于发现和保护幼儿的好奇心，充分利用自然和实际生活机会，引导幼儿通过观察、比较、操作、实验等方法，学习发现问题、分析问题和解决问题，帮助幼儿不断积累经验，并运用新的学习活动，形成受益终身的学习态度和能力。

怎样运被子更省力？

每月我们都需要把孩子们的被子运送到幼儿园门口，请家长带回家清洗、晾晒。每到这个时候，孩子们纷纷抢着出力："老师，我来吧，我的力气大！""我也可以的！"那怎么运被子更省力呢？小王老师班级的孩子们想出了各种办法。他们有的想用气球把被子吊起来；有的想用一块大布把被子包起来，拖着走；更多的孩子想要设计一辆小车。

孩子们多么有想象力呀！小王老师并没有急于评价孩子们的想法，而是组织孩子们开展了对于这些方案的讨论和试验。对于用气球运被子这个方案，球球说："我们没办法控制气球的方向，风一吹气球就跑了。"大家纷纷点头，都觉得这个方案不可行。小王老师又提供了废旧窗帘，孩子们对用大布把被子包起来拖着走这个方法进行了试验。累得满头大汗的小雪说："我觉得被子拖着更重了，布也很重。"在排除了两个方案后，孩子们决定制作运被子小车。

做一辆什么样的小车呢？孩子们知道车是由车厢和轮子组成的，于是决定逐步制作。小小带来了牛奶盒，试图用牛奶盒当车厢。小小的牛奶盒怎么装得下被子呢？小王老师虽然心存疑惑，但仍然不动声色，她决定让孩子们自己发现其中的问题。她鼓励小小把被子放在牛奶盒的上面，这下，孩子们发现牛奶盒明显太小了。

孩子们又找来了很大的硬纸板，提议粘成一个大车厢。用什么材料把硬纸板固定在一起呢？小圆首先想到了在美工区常用的双面胶，他用双面胶把硬纸板粘在一起，但发现硬纸板很快就松动了。于是，他就贴上了更多的双面胶，但还是粘不牢。小豆子想到了用胶棒，但发现胶棒也很难粘住硬纸板。经过了两次失败，他们有一些沮丧。球球在美工区发现了宽胶带。他说："用宽胶带，从不同的方向，多缠一些试试看吧。"孩子们一起用宽胶带把硬纸板粘成了一个大箱子。

孩子们说："没有轮子，小车动不起来。"小王老师问："用什么材料来做轮子呢？"很多小朋友首先想到的是轮胎，但他们不知道用什么方法可以把轮胎安装到车厢上。小雪提议："把轮胎粘贴到车厢上呗。"小小立马反对："可是那样轮胎就动不了了，我们的小车没法用了。"讨论中，孩子们想到了风火轮和空竹圆圆的像轮子，四轮滑板车底下也有轮子。小王老师提议："我们来试试哪种材料更适合当轮子！"孩子们发现四轮滑板车可以用宽胶带粘在车厢底，更好固定。贴

完后，小车真的可以动起来了！

小车能动起来了，孩子们把小车装上被子，试着推到园门口。回班后，孩子们累坏了，纷纷说："推小车好累啊！"小王老师不失时机地给孩子们展示了他们刚刚推车的照片和视频。这下，小小很快发现了问题："车太矮了，需要弯着腰推。有什么好办法能让我们更省力呢？"丫丫说："我们可以把车厢加高。"小小说："我们可以给小车加上行李箱的拉杆。"球球说："我们可以给小车加一根绳，拉着小车往前走。"经过一番七嘴八舌的讨论，孩子们觉得丫丫的想法最好，更高的车厢能够放更多的被子。但还不够完美，小豆子提出来："车厢太高了，我们就不方便拿被子和放被子了，不能把车厢变得太高。"有没有更优的办法呢？孩子们先把车厢用硬纸板进行了适当加高，然后决定试一试球球的方法：在小车上加一根绳子，拉着走。而且在幼儿园找绳子是一件很容易的事。

一鼓作气，笑笑从美工区找来了红绳，小王老师帮助他们把红绳系到了四轮滑板车的把手上，鼓励小朋友轮流来拉一拉、试一试。孩子们实验完，小王老师问："你们有什么感受呢？"小圆说："我觉得很不错，比弯着腰推轻松多了。"小雪说："绳子有点勒手。"那怎么才能不勒手呢？球球说："用粗一点的绳子试一试吧。"小圆找来了我们在户外游戏时候用到的大绳，把它系在了四轮滑板车的把手上，又请小朋友试了试。通过体验、比较，孩子们发现了粗的绳子用起来不勒手，更舒服，他们直观地感受到了压强和接触面积的关系。

这个时候孩子们又提出："要是能开着我们的小车就更好了。""幼儿园的玩具车可以当驾驶舱。"最终，孩子们竟然做出了一个以玩具车带动硬纸板车厢能运被子小车！

图 3-13 孩子们在制作小车过程中运用到的知识

从上述案例可见，教师抓住了生活中运被子的契机，引导幼儿层层深入探究"怎样运被子更省力？"的问题，发展了幼儿发现问题、分析问题、解决问题的能力。整个活动的过程中，幼儿始终处于主导地位，教师则扮演着引导者和支持者的角色。每一个孩子都充满热情，积极主动地参与到活动中，有的出谋划策，有的亲身实践，为了共同的目的协作共进。教师能够尊重幼儿的想法，不急于否

定幼儿天马行空的想法，鼓励幼儿在尝试中发现问题。当幼儿的活动陷入瓶颈时，教师巧妙地用开放性的问题引发幼儿的思考，不断推动活动进程。教师引导幼儿通过讨论、实验、情境再现等途径对活动的过程进行反思，总结失败的原因，在这个基础上改良操作、材料或产品，实现幼儿的自我修正。

四、"孩子王"谈融合教育

探索融合教育之路

我在北京大学附属幼儿园耕耘了41年,见证了数以万计的孩子迈着蹒跚的步子走进幼儿园,三年后带着自信的笑容再步入小学校门。然而,这些孩子当中,也常会有一些特别的孩子,他们如同雨后的彩虹,为这片童年的天空增添了别样的色彩。

北大老校长蔡元培先生认为,教育者应"深知幼儿身心发达之程序,而择种种适当之方法以助之"。就像农家对待植物那样,"干则灌溉之,弱则支持之"。

借鉴蔡元培校长"尚自然,展个性"的教育主张,研磨几十年来在教育一线中积累的幼儿教育教学经验,在不断学习和领会《纲要》《指南》精髓的基础上,北京大学附属幼儿园逐渐形成了"尚自然、展个性、促融合、共发展"的个性化融合办园理念,构建了友好、合作、互信、共生的家园关系,营造出包容、尊重、接纳、支持的人文环境。这一办园理念已然成为我园不断探索高品质融合教育之路上的一盏灯

四 "孩子王"谈融合教育

塔,指引着我们坚守初心、砥砺前行。这是一条充满挑战的道路,但我们坚信,只要持之以恒、不懈努力,必定能够做好这件虽然艰难但意义重大的事情。

我园崇尚遵循自然天性,尊重个体差异,重视对幼儿教育的研究与探索,充分利用高校丰富的人文和自然科技教育资源,实施全接纳的融合教育,关注包括特需幼儿在内的每一名幼儿的发展和需要,不仅维护他们受教育的权利,更珍视每名幼儿独一无二的个性特点、兴趣爱好,以及身心健康成长的需要。

北京大学附属幼儿园从20世纪90年代开始接收特需幼儿来园就读。在北京市、海淀区教委的支持下,2004年我园成为北京市学前特殊教育示范基地,开始融合教育探索之路;2007年成立特殊教育资源中心,开始专业化的研究和实践;2011年北京市教委将"北京市特殊教育名师工作室"设立在我园。近两年,市、区教委加大了对融合教育的支持力度,在海淀区特教中心的引领和指导下,我们也增强了继续探索融合教育的力量和信心。2007年至今,我们不断研究、实践,还将我们多年的实践经验和研究成果辐射到北京市其他区乃至外省市地区。

回首我们的融合教育之路,虽然路途充满艰辛,挑战重重,但我们一直在锲而不舍地努力。借两个小故事分享我的心路历程。

第一个故事：爱扒幼儿园门栏的小女孩

曾经有个小女孩总是喜欢扒在幼儿园的门栏上，一双清澈的大眼睛眼巴巴地望着园内快乐游戏的孩子和老师们，满眼充满渴望。经了解，小女孩是个孤独症孩子，家长心中充满了无助与困惑，最后找到了北大幼儿园，希望为孩子找一个能够接纳她的温暖之家。于是，就有了小女孩扒门栏的那一幕，也有了我们敞开大门接收她入园的温暖故事。"教育关乎爱，关乎善良，关乎良心，关乎平等。"面对特需适龄幼儿，我们没有退缩，唯有接纳并用爱和关怀去温暖他们孤独的心灵。多年来我们始终秉持着平等对待、接纳每一位特需幼儿的原则，做到有教无类，这也是我们作为教育者的初心和使命。

第二个故事：等待6分钟的钢琴演奏

月月也是一个患孤独症的孩子。新年到了，班里每个孩子都准备了节目。月月喜欢弹钢琴，所以老师和家长商量后，决定请月月演奏钢琴。联欢会那天，轮到小月月演奏的时候，她显得有些紧张和不安，时而吃手，时而摆弄衣角。老师们费了很大的劲儿将月月引导到琴凳上，可是她一直不开始演奏。面对这样的状况，老师没有放弃，一直以微笑的目光给她鼓励，在场的家长也都展现出了极大的耐心，带着自己的孩子不时地以掌声鼓励月月。经过大约六七分钟后，月月终于弹出了第一个音符。虽然大家最后都没有听懂月月弹奏的曲目，但所有的孩子、家长和老师都爆发出热烈的掌声，为月月迈出的可喜的一步感到欣慰，发自内心地接纳和宽容月月。

这一幕幕温馨的画面，正是我园"自然融合"文化氛围的生动体现。在这里，老师们的爱和智慧为孩子们营造了一个平等、友善、互助的成长环境；普通孩子的家长们也展现出了极高的理解和支持，与特需孩子的家长携手，共同为孩子们的成长保驾护航；而孩子们更是包容接纳的，大家平等友善，互帮互助，共同享受着幸福快乐的童年时光。

特需幼儿不仅要有幼儿园可上，更需要上好园。如何才能打造一所更好的融合幼儿园呢？我认为需要以下4个条件。

1. 构建具有研究特质的专业教师队伍

教育终究是人对人的影响，特需幼儿身边的老师、同伴和家长这些"重要他人"是他们最重要的成长资源。《"十四五"特殊教育发展提升行动计划》也提到，要打造高水平、专业化、创新型的教师团队。近十几年间，我们陆续引进了心理学博士、特殊教育学硕士等多位专业人才，构建了一支以特教专职教师及融合骨干教师为核心、全园教职工为融合教育主体的师资队伍。

在"研究型"幼儿园发展定位下，园里支持教师在专业方面持续成长，大力推进"微研究"项目，促使"人人都是研究者"，培养教师钻研个性化教育的意识，提高有效解决各种融合教育难题的能力。通过课题研究、教学研讨、合作学习等形式，打造多样化的研究平台，塑造善于学习、崇尚研究的园所文化，使教学即研究、学习即研究、工作即研究的园所风气成为全体师生保教工作的基本形态。长期以来，我园将"融合教育"专题作为全园教职员工必修内容，师德评优评先首要考虑融合班教师，将"耐心"作为融合教师的首选特质。通过融合班教师在月考核中加分、融合班级适当增加人员等管理举措，有效推进了融合教育品质的提升。

2. 探索能够支持个性化发展的融合教育模式

我园于2018年设立研发室，旨在将创办"研究型"幼儿园的园所定位与支持"展个性"的幼儿发展目标进行"研育"对接。这一管理变革，意味着幼儿园将不再零散、随机、简单、被动地履行育人、科研和服务的职能，而是要系统性、预见性、综合性、主动性地释放出独特的效能，通过科学研究，从教育的最基础端来培养人才和服务社会，为个体的毕生发展提供不竭的动力，实现育人目标。研发室设立过程中，我园将前期已有的儿童心理与教养咨询室和特殊教育资源中心（以下简称"特教资源中心"）一并归入研发室，力图在更高、更宽的视角下"珍视差异"。

针对特需幼儿的融合教育，特教资源中心作为主导，协同班级、保健室、膳食部等多部门合作，以IEP（Individualized Education Program）即个别化教育计划为抓手，实施园所、班级、特教资源中心三方融为一体的融合教育模式。具体来说就是针对每名特需幼儿的需要灵活安排在园时长，特教资源中心根据发展评估结果制定IEP，班级内采取嵌入式教育支持、同伴支持等隐性策略帮助幼儿无痕融入一日生活中；应用焦点解决策略解决行为问题；保健室管理膳食营养，关注特殊需要，配合家长进行避食治疗等。各部门汇总资源和信息，研发室每学期进行心理发展观察追踪，多部门联合教研合作，不仅让幼儿享受无差别在园生活，还会收获到同伴间师生间自然融洽互助互爱的宝贵情感。

3. 创设"自然·融合"的无障碍环境

在园所的物理环境方面，我们关注设施和资源的多种多样、安全舒适、高低宽窄适中、平陡适宜，既能满足感统需要又能实现个体专属等要点，努力创设"通行无阻，又可易于接近"的教育环境。

幼儿园内古树参天，果树满园，春天百花盛开，夏日绿树成荫，偶有飞鸟掠过，夏风吹过，花香阵阵。在这片绿意盎然的天地里，泥土、沙地、柔软的草坪、光滑的鹅卵石、古朴的圆木桩都是孩子们天然的玩具；彩色的塑胶跑道上、五彩斑斓的花草间，到处都有孩子欢腾的足迹。粉色的校舍错落有致，温暖的墙面上常常树影婆娑，灌木丛后，充满创意的涂鸦墙半隐半现，散落在丘坡草地上的动物雕塑形态各异，充满乐趣的水池和惊喜不断的种植园，更是让孩子们流连忘返。他们在这个乐园里，融于自然之中，弄草赏花、捉蜗牛、玩沙土、捏泥巴、打水仗、种蔬果、冻冰花，玩得不亦乐乎，尽情享受大自然的恩赐！充满挑战性的攀爬滑跳大型玩具以及各种自制玩具，户外数量众多的各种小车，篮球、足球、跳跳球等运动器材，无一不让孩子们释放天性，承载着他们快乐的幼儿园生活。

教学楼里宽敞的楼道，多种质地的沙发座椅，软硬适中、粗细有别，让孩子们在触摸中感受到事物的多元与不同。宽大的乐高墙，开放的玩具展示柜，都在激发孩子们的好奇心和创造力，满足着其个性化发展的需求。特别值得一提的是，我们还有专门满足特需幼儿需要的视觉标识、语言社会性专项发展辅助性自制绘本小册子、个性化的强化物、感统运动以及沙盘游戏区，特需幼儿在锻炼身心的同时，还能自由发挥、释放情感。融合教育的绘本书籍随处可取可读，点击量达数万次的融合教育宣传片，更是通过生动形象的画面和深入浅出的讲解，让更多人了解并支持融合教育。这些设施和资源共同奠定了融合教育的物质基础，为孩子们的全面发展提供了有力保障。

丰富的物理环境带来多种探究的可能性，宽松且安全感十足的心理环境，更是融合教育环境创设的关键点。我园设有心理咨询室，用特有的资源大力打造和创设安全健康的心理环境和精神氛围，全面呵护幼儿和老师们的心理健康，帮助幼儿和家长形成良好的亲子关系，让所有人都能感受到接纳、关爱与支持。

人文环境方面，我园无条件接收特需幼儿，按照生理年龄编班，一视同仁缴纳同样的保育费；强调对孩子无歧视的称呼，我们不称呼幼儿为正常幼儿或残障幼儿，引导教师透过特殊需要看到作为幼儿的共性问题；实现特需幼儿在适宜的支持下与普通幼儿共同游戏与生活。

爱和接纳，尊重差异、鼓励多样，个性化的支持等精神环境的营造，才是真正做好融合教育的根本所在。

在前文中，我提到过栽种洋葱头的小故事，它能充分说明融合教育的重要性。教室里养了两颗洋葱，有一颗已经发芽，长得十分茁壮；另一颗却一直不长芽，且已经萎靡衰败。老师想把坏的这一颗扔掉，孩子们却说："老师，我们再养几天吧，它可能想过几天再发芽。"老师尊重了孩子们的意见，于是继续养着它。终于有一天这颗衰败的洋葱真的发芽了，并呈现出一种别样的成长姿态。宽松的成长环境，足够的等待，也许真的就能看到孩子们更加别致和独特的成长与发展，这样的洋葱发芽是不是更有一种别样的美呢？

4.通过三结合方式创设特色融合课程，有效促进教育品质提升

为实现"研育"对接落地，我们进行了三个结合。第一个结合：心理学、教育学与特殊教育学三种学科理论相结合，为融合教育提供理论依据。第二个结合：理论与实践相结合，将上述理论与融合教育实践紧密结合，实现理论对实践的指导作用。第三个结合：科研课题与园本教研，包括园本微研究相结合，让研究成果落地而有实效。

通过实践和研究，我们梳理出幼儿园融合教育课程体系，即从五大领域入手，以丰富多彩的园本课程体系为支撑，

以个别辅导、小组教学、班级嵌入式教学为主要形式，以促进特殊需要幼儿六大能力发展为主要目标的课程模式。

至今为止，我们已主持过多项国家级、市、区级融合教育相关课题。2022年10月，北京市教师发展中心将我园《幼儿园融合教育中师幼互动质量提升的教师培训研究》立项为重点课题，目前已有了阶段性研究成果。

追光而遇，沐光而行。截至目前，我园直接服务的特需幼儿有350余名。融合教育不仅使特需幼儿及其家庭获益，普通孩子也从中收获了成长和发展。2023年年底，我们与北大心理与认知科学学院合作，对小班普通幼儿心理发展进行追踪测评，用科学数据证明了融合教育中，普通幼儿也能获得巨大的成长收益。

同时，对融合教育的研究和实践也助力了教师成长。近几年，我园培养出一大批市区级及园级骨干教师，出版多本融合教育专业书籍，园所也获得了高质量发展。

我园先后被认定为教育部全国课程改革骨干教师研修基地、教育部——联合国儿基会中国融合教育推进项目海淀区基地园、北京市融合教育名师工作室、海淀区干部教师培训基地等。我园还作为基地园代表为来自全国各地的老师们进行了融合教研活动展示。除此之外，我们还通过接待国培项目、市区融合教育论坛、微课录制等形式，将我们的教育实践和研究成果向全市及全国辐射。

有一位孤独症孩子的妈妈这样说："有些孩子的内心，或

四 "孩子王"谈融合教育

许是一条冰封的河,虽然表面硬邦邦、冷冰冰,但冰下却有水一直在流淌,这水流就是他们丰富的内心世界。"我们作为幼儿教育工作者,所追求的,正是那分坚定不移的努力与坚持!我们要为这些特需幼儿破冰融雪,让爱的阳光洒满他们内心的每一个角落,温暖他们的童年,也温暖我们共同生活的这个美好世界。让我们大家一起用美滋养校园,让爱温暖童年。

融合幼儿园中的个性化教育

只要谈及个性化教育,我们就要先说一下全纳教育。全纳教育是当今国际上兴起的一种新的教育思潮,主张普通学校应该接纳所有的儿童,所有的儿童都应该得到同等受教育的机会。个性化教育思想与全纳教育的思想有很多相似之处,个性化教育主张让每个人的个性得到充分自由的发展,提倡教学要适应不同儿童的不同特点。"个性化"是为了更好地实现"全纳","全纳"是以尊重"个性化"为前提的。二者互相促进,在很多方面存在一致性。实际上,全纳是一种比较理想的状态,在实际教育中更多的是融合教育的实施以及融合幼儿园的存在。在融合幼儿园里,教育工作者们尽可能追求全纳教育,同时个性化教育也在很大程度上得以实施和实现。

融合幼儿园,通常被界定为特殊需要儿童能够同普通幼儿一起参与各项活动的幼儿园。这里的特殊需要儿童指经过医学诊断患有以下某种疾病的幼儿,比如孤独症、多动症、发育迟缓等，幼儿存在某些方面的发展问题。融合幼儿园作为拥有优于普通幼儿园教育品质的幼教机构，不仅要满足特殊需要儿童的特殊需要，还会特别关注普通幼儿的特殊需要。

融合幼儿园接纳幼儿的特点决定幼儿园必须要提供个性化教育，即个性化教育是融合幼儿园的必需，没有个性化教育，就算不上真正意义上的融合幼儿园。个性化教育是针对划一性教育而言的，是对划一性教育的否定，既不同于个性教育，也不同于个别教育。

个性教育，通常指培养人的个性品质的教育，有的强调受教育者内在精神世界的培养，有的强调培养受教育者的独特性，有的则强调良好个性心理倾向性和个性心理特征的培养。然而，就心理学意义上的个性品质而言，比如能力、气质、性格、兴趣等，是人本身所具有和表现出来的，并不是经过教育或通过培养才具有的。从这个意义上来说，所谓的个性教育实际上并不存在，因此个性的发展也并不是个性教育的结果，而是生命的全面而自由发展的必然。

个别教育可以理解成为，在一个房间里，聚集着年龄、发展程度不一的个体，教师对每个个体个别施教，教学内容和进度各不相同，教学时间没有统一的安排，也可以简单理解为一对一的教育，是教师针对个别学生的教学，更多强调的是教育实施的形式。尽管个别教育能够在很大程度上为个体发展提供空间,但是如果施教者的教育思想不适宜,也未必能够为个体提供适宜的成长和发展。

正因为生命是个性化的,所以教育者必须把生命看作是个性化的存在,既不能实施整齐划一性的教育,也不能单纯追求个别教育,而应实施个性化教育。融合幼儿园中的个性化教育,是引导个体生命独特性发展的教育,以尊重差异为前提,以提供多样化教育资源和自主选择为手段,以促进生命自由而充分发展为目的幼儿教育。

根据上述理念定位,个性化教育贯彻在融合幼儿园教育实践过程中,要遵循如下最基本的三个原则:

1. 适应性原则。个体适应性原则是个性化教育的首要原则,甚至可以说是一种个性化教育的指导思想。个性化教育面对个性化的生命,通过个性化的手段,促进生命的更加个性化。个性化教育强调对个体生命独特性的适应,教育适应独特的生命需要,培养多样化、特色化、个性化的人才。所以只有教育适合个体,才能满足个体自身的成长需要。

2. 分化性原则。尊重差异和独特性是个性化教育的前提。尊重差异就意味着承认个体之间发展的差异性。教育就是使每个个体在自己已有的基础上,尽可能地充分地发展,最终是使每个人各得其所。有差异的生命,就是独特的生命,生命的独特性表现为每个人的发展都有自己的优势潜能,教育就是要充分挖掘个体的优势潜能。个体生命的差异性和独特性要求个性化的教育要适合每个个体。这就需要我们在集

四 "孩子王"谈融合教育

体教育中做到，更好地关注个体的差异，满足不同个体的需要，贯彻分化性原则。分化性原则就是在集体教育的框架中，根据一类幼儿或个别幼儿之间的差异性，进行分层教学、分类指导，使教育尽可能适合每名幼儿充分自由独特的发展。教育过程中个体的差异，首先表现在能力、个性、意愿、动机、学习方式等方面，然后才表现出人与人之间的独特性。所以分化性原则可以是针对发展方面的差异，也可以针对个体的差异。

3. 自主性原则。前面的适应性原则和分化性原则，更多针对的是划一性教育，均反对教育对生命独特性的压抑。自主性原则是针对强制性教育和他主性教育而言的。反思我们长期以来的教育，往往剥夺了人的精神发展的主动权，特别是集体教学活动，通常是按照教师意愿来设计，幼儿按照教师的指令来行动，按照教师的要求来作答。教师非常清楚每一节活动"要教什么、为何教和如何教"，然而教育对象往往不知道"要学什么、为何学和如何学"。从这一点上来看，我们的教育很多时候都不是基于幼儿发展的需要，而是基于教师教学的需要，有时我们在观摩有些教学活动时，得到的感慨是：课堂不是孩子发展的场所，而是教师表演的舞台，是教师的个人秀场。我们经常会观察到，即便教师鼓励孩子们对所提出问题发表不同的意见，但最终的落脚点，往往是被教师引导到所谓的正确答案之中，纳入教师预设的框架之中。

在教育实践中,有些施教者为了实现教育目标禁不住会"拔苗助长"。但是我仍认为,即便是不成熟的庄稼,也都需自己成长,因为无论是多么弱小的身体,他的生命之旅也只能由他自己完成,而不可能由教师代为完成。教育就是要为个体生命的自主发展创造所需要的条件,让生命能够自主自由地发展。

四 "孩子王"谈融合教育

平等公正原则在融合教育中的涵义

平等公正的原则是指教师对待每一位幼儿要一视同仁，对所有幼儿有同样的关爱，为所有幼儿提供同样的适度的帮助，为每一位幼儿提供相同的学习机会和发展空间。

这一原则是幼儿园融合教育的精髓，也是对联合国《世界人权宣言》的具体落实。

教师对幼儿要一视同仁，无论幼儿个体有什么特殊性，但他仍是一名幼儿。教师要认识到有特殊需要的儿童首先具有幼儿阶段儿童普遍具有的共同特点和需要。他和所有幼儿一样，需要得到教师的微笑和拥抱，他同样可以感受到来自教师和同伴的尊重与需要，同样喜欢游戏和玩耍，同样要在反复的模仿和操作中获得直接经验，同样要参与班级管理，也同样要在肯定和成功中提升自尊与自信。

特需儿童和普通儿童一样应有成为值日生的机会，只是教师要根据他的具体情况安排他的工作。比如利用孤独症儿童有刻板行为的特点，教师可以指导他整理玩具柜、摆放图

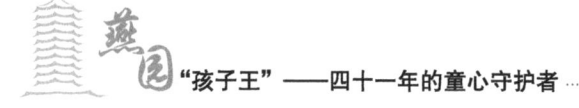

书、分发教具。特需儿童同样可以成为每周一升旗仪式中的护旗手甚至升旗手,只是他可能需要教师在旁边陪伴,以帮助他克服从众人面前走过时的紧张。特需儿童同样可以参与教师组织的集体游戏,只是需要教师根据他的具体特点作适当的调整。特需儿童在社会实践课程中也同样可以和其他儿童一样完成一定的任务,在这个过程中,他们表现出来的情感态度和能力往往会令教师对他们刮目相看。有一个中班曾经组织过一次"去超市购物"的活动,这个班级中有一名孤独症儿童。教师先带着孩子们一起卖废品并将所得的钱平均分给每个小朋友,大家各自带着2元钱来到超市选购。在整个购物过程中,那名孤独症儿童和所有小朋友一样,自己决定选购的内容,他们在货架前显得既兴奋又认真。在回班后的交流分享环节,老师发现很多幼儿都选购了自己喜欢的糖果、吹泡泡玩具、塑料回力小车、发卡、贴画等等物品,而那名孤独症儿童的袋子里有一棵白菜、一个土豆、一支护手霜和一根棒棒糖。老师问他为什么买这些东西,他指着白菜说"妈妈爱吃",又拿起土豆说"妈妈爱吃",然后把棒棒糖攥在手里,放在嘴边说"我的"。老师指着护手霜问他:"那这个是给谁买的?"他歪着头说:"给妈妈。"他说这些话的时候,满脸洋溢着幸福的笑容。都说社会性发展是孤独症儿童的短板,都说孤独症儿童只关注自己的世界,与周围人缺乏情感的交流,但这次购物活动大大改变了教师对孤独症儿童的看法。他们同样也有情感,只是他们的表达方式可能与我们有些不同。他们也有丰富的内心体验，只是教师还没有找到了解他们的渠道。他们需要教师为他们提供"最少限制环境"，需要教师对所有儿童一视同仁。

特需儿童是班级所有儿童中的一员，教育和护理他们是班级每一位教师的职责。他们不是某个助理教师单独看守和护理的对象，教师不能因其存在某些特质而在班级管理中出现 $n+1$ 的思想。他们的存在不应是班级的负担，而应成为班级的一个优质教育资源。他们的出现可能激发同伴关爱他人的情感，帮助幼儿建立世界多样性的理念，促进普通幼儿在同理心、共情能力、助人为乐、与人沟通等社会性方面的发展。

特需儿童在班级中绝不是在扮演弱者的角色，他们需要得到的，是来自于教师和同伴的适度指导和帮助。有些教师对小朋友帮助特需儿童拿水杯、端饭碗、系扣子等行为大加赞赏，而不考虑这名特需儿童是否有能力独立完成这些基本的生活活动，是否需要其他小朋友的帮助，这样过度帮助，包办代替的后果，就是剥夺了特需儿童学习和发展的机会。这样的"帮助"不仅阻碍了特需儿童自身的发展，也不利于普通儿童正确看待和认识特需儿童，从某种角度而言，实际上也迟滞了普通儿童社会性的发展。我们曾经接收过一名中班年龄的女孩，她的手指和脚趾先天残疾，每只手和每只脚都只有一根手指或一只脚趾。她来到班上后很多小朋友都主动帮助她，但是后来大家发现，其实小朋友能做的事情她基本都能独立完成，比如用勺子、系扣子、穿衣服、握笔等等。对于她这样肢体残疾但智力发育正常的幼儿来说，她会表现出不需要别人帮助、想自主完成一些事情的意愿，而对于智力上发育迟滞而能力上又较为有限的儿童来讲，教师则要根据对儿童个体的观察与了解来决定在何时对他提供什么程度的支持和帮助。比如脑瘫的儿童，他们可能表现出手部肌张力不够，全身动作无力，咀嚼能力差，流口水，语言表达能力有限等。这样的孩子在班级进餐环节中，很难像其他小朋友那样在相同时间内吃完饭。如果教师此时给他提供的帮助是喂他吃饭，就势必会影响他抓握勺子、将饭送进嘴里等动作的练习，就很遗憾地让他失去了每天三餐过程中提高生活自理能力的机会。教师遇到类似的情况，可以提示家长为儿童准备适合其使用的辅具，如特制的勺子或筷子，或者在喂孩子喝汤时，让孩子自己拿着馒头吃。总之，一定要尽量给他们更多的锻炼机会。

　　从教育的角度出发，对待特需儿童和普通儿童是一样的，授人以鱼不如授人以渔。能让他们自己思考的就让他们自己思考，能让他们自己说的就让他们自己说，能让他们自己做的就让他们自己做。教师对他们的尊重和关爱，表现在适时适度的支持与帮助，而绝非无原则的包办代替。

她"破坏"了我的观摩课

我展示过很多节观摩课,几乎每一次都得心应手,顺利流畅。但有一次的观摩活动却让我久久不能平静,因为她"破坏"了我的观摩课。

西西是一名5岁的孤独症孩子,正在上中班。通过小班一学年的融合班级生活,她已经逐渐适应幼儿园的生活:生活能自理,喜欢音乐,在老师的引导下可以参加一些自己喜欢的音乐教学活动,但其他活动参与度不高,会离开座位到处跑,会大喊大叫。在语言表达上,日常与人的对话中70%为仿说,注意力集中时可以有简单的语言交流,认识一些简单的字,喜欢听故事,但仅限于一对一的交流。

这次的观摩课要在幼儿园的多功能厅上,面向的是来自区里各个幼儿园刚刚踏上幼教岗位的新教师。面对这个新环境,再加上有那么多陌生的观摩老师,西西可能会发生过度兴奋、不适应等各种情况。我们做了一定的预判和准备,特意邀请了园里负责她的特教老师一起加入。可是,实际情况

还是超出了我们的预想。

（一）开始

"小朋友们早上好！"我刚带着班级的孩子们走进热闹拥挤的多功能厅，孩子们的情绪就被老师们热情的问好调动起来了。"老师们好！"他们有礼貌地回应着。站在第一个被我牵着手的西西左看看右看看，小声地自言自语："好呀好呀！这是谁呀！"我先请孩子们环视了一周，说了说今天的变化："来了很多老师！""还有叔叔拿着照相机！"在轻松的聊天中，逐渐让孩子们适应今天特殊的环境，然后每人找到一个小椅子落座。西西刚坐下，又站了起来："老师，哈哈哈哈！"她一边说一边转着圈向四周看。"西西，来王老师这里，你也发现这里有变化了是吗？"我边问边走到她身边用手搂住了她，想听听她的表达。"好多的老师，哈哈哈哈！"她在我怀里显然更加兴奋，用手指着下面的老师，大声笑起来。我顺势引导她："那我们跟这些老师问好吧！老师早上好！""老师早上好！哈哈哈哈"西西看着后面的老师，大声地说，然后继续大笑，身体还在我怀里扭动，想要挣脱。"你今天看到这么多老师很开心吧，王老师还带来了你喜欢看的图画书，你坐回你的小椅子，我们一起看好吗？"我一边送她到座位，一边指着书架上的《国王生病了》这本大书。西西一边笑着一边坐下，小手指着我的书，安静下来。

当我发现西西表现出来跃跃欲试想表达的时候，给她创造机会，希望通过简单问好的环节，可以让她逐渐适应新环境。然后，用语言提示她回到座位和我们一起看图画书，并且拉着她回到自己的座位上。这些提示和帮助，让她知道我们接下来要做什么，得到了她片刻的安静。

（二）发展

"小朋友一起看看这个封面，这本书讲的是谁的故事啊？"我回到中间的位置，拿起书来开始正式的语言活动。西西座位边上有特教老师在陪伴、帮助她，我用余光看见特教老师在轻轻抚摸着她的后背。可谁想，我的问题刚提出来，西西就从座位上跳了起来，看着后面的老师，手舞足蹈地跳起来。我还没有反应过来，特教老师上来拉着她坐到了半圆座位两边的桌子上，拿着桌上的小书跟她说："咱们来看这个，你看这本书和王老师的书一样。"可是西西依旧没有安静，坐在椅子上扭着身体，嘴里大声地说着一些我没听懂的话。活动一开始就被打乱了节奏，我的心咯噔一下。看着其他小朋友专注、希望的眼神，看着观摩的老师们有点尴尬又有点同情我的表情，再看看旁边无法控制的西西，我和特教老师相互点点头，示意请她可以先带西西出去安抚一下情绪。这其实是我们最不想做的，也是最后一个办法。

活动一开始，西西开始大喊大叫、手舞足蹈，特教老师用动作安抚她，用语言小声提示她要"安静、看书"，可是她还是在椅子上扭来扭去。特教老师先是带着她转移到了旁边摆有书本的座位，利用书本吸引她，但是效果不佳，西西越来越控制不住自己的兴奋。当动作、语言、图书媒介的方法都无效的时候，我们最后选择将西西带到了多功能厅外面。改变环境以后，西西的情绪有所平复，不再喊叫，但手指一直指着门口，还想进来。

（三）转变

西西被带出了多功能厅，课堂一下变得安静了，我迅速调整状态，投入与其他小朋友的活动中。我带着孩子们一起观察书中图画的细节，尝试猜想故事的开始，孩子们专注地进行着，丝毫没有被之前的特殊情况所影响。反而是我，余光一直看着通往门口的走道。就在孩子们要自己读书的时候，西西回来了，坐在了刚才离开的位置上，显然没有刚才那么激动了。她稍微控制着自己的声音说："生病了啊，谁生病了啊？"其他孩子们很快各自都进入了读书的状态，而西西的声音也越来越大。在这个空当，我终于找到了可以和西西互动的机会，我走到她身边，搂着她扭动的身体，轻轻地说："西西，王老师陪你一起看这本书。"我边说边把她抱在了我的腿上。开始，我还感觉到她身体在反抗，不过当我打开书，发现她柔软了起来。"他们在做什么运动啊？""什么运动啊？游泳！"西西开始尝试回答我的问题，"国王在做什么呢？""国王吃葡萄呢。""国王游泳了吗？""没有，他吃葡萄呢。"……就这样，我们一问一答进行了大概五分钟的时间，因为大部分小朋友已经完成了阅读，我和她一对一的互动也随之结束。"西西讲得这么好，一会儿跟其他小朋友也讲讲。"我放下她，希望她可以保持这样相对互动的状态。

西西在外面情绪稍微平复了一些后，特教老师将带她回到我们的活动现场。利用其他幼儿自主看书的时间，我制造和她一对一阅读的机会。把她抱在怀里，是给她营造一个相对安全又温柔的环境，然后我们就图书内容进行了有效的互动，这几分钟，西西能观察图书的画面，并进行理解性的回答。

（四）结束

可是，等孩子们围坐成半圆形，要进行分享的时候，西西又开始从椅子上跳起来，重复刚才的手舞足蹈，特教老师语言提示、同伴的榜样示范都不管用。无奈之下，特教老师只好把她又带出去缓解情绪。我带领班级孩子继续进行后面的内容。活动快结束的时候，我听到她的叫声，原来她在门外一直想进来。活动的最后一个环节是西西喜欢的音乐律动，音乐响起的时候，特教老师带她进来，愉快地和大家一起进行《我们一起做运动》的律动，虽然她依旧异常兴奋，但是在大家一起唱唱跳跳中就不那么明显，就这样愉快地结束了今天的活动。

因为西西喜欢音乐游戏，一般在音乐活动，尤其是律动游戏中能够跟随音乐做动作，所以结合《国王生病了》这个故事，针对西西的特点，我们设计了最后一个环节，让孩子们进行《我们一起做运动》的律动，锻炼身体。到了这个环节,西西回到现场,我们一起在音乐运动中快乐地结束了这次的活动。

对于观摩活动,老师们总是心怀忐忑,生怕任何环节出现纰漏。所以在准备阶段,会反复打磨整理提问,精心梳理每个环节,力求做到万无一失。可是对于特需孩子,有时候特殊的环境、临时的变化都可能出现如西西一样完全失控的状态,老师该怎么办?这是老师们观摩真实的现场活动后,最普遍的一个困惑。作为当事人的我,对此有一些思考和收获。

(一)包容与理解

面对特需幼儿,虽然我们无法预估全部的状态和变化,但我们唯一可以确认的就是要给他们爱的包容与理解。不一样的多功能厅、很多陌生的听课老师,这是在挑战孤独症孩子的适应力,挑战她的刻板模式,她所有看似不正常的表现,其实都是她正常的反应,是我们必须理解的。在这样坚定的理念中,她出现任何情况,我都会理解和接纳。我始终微笑地看着她,想寻找一切可能的办法去帮助她。老师当下的态度会潜移默化传递给其他的孩子,如果面对特需幼儿,老师有稍微的不悦、慌张,其他的孩子都能够感觉到,只有老师完全地接纳特需幼儿的特殊表现,只有从内心里涌出来的爱才能让老师第一时间做出正确反应。老师对特需幼儿的微笑与包容,是其他孩子们对她的态度的最好示范。这次活动,从其他小朋友的表现就得到了充分证明:当西西做出特殊的行为时,其他的孩子们没有大惊小怪、没有受她影响、没有跟她学习,这种接纳的氛围不是一蹴而就,而是平日里逐渐渗透和形成的。

(二)照顾全体、兼顾个体

面对群体和个人相冲突时,带班老师要照顾全体,兼顾个体。今天的活动有特教老师的配合,就算没有特教老师,也有配课的老师,当特需幼儿出现完全失控的状态,配课的老师可以起到主要安抚她的作用。因为西西出现的不适应状况,活动几次被中断,但是我们看到了比老师还要镇定的其他孩子们,看见其他孩子们那渴望听故事的眼神。作为带班老师,不能浪费大家太多的时间,需要尽快调整好自己的状态及全班的气氛和节奏。带班老师在优先关注全体幼儿活动的前提下,找机会与特需幼儿进行单独的互动。比如,等到其他孩子都开始投入地看书,不需要老师介入的时候,我抓紧时间与西西互动。虽然只是短短的不到五分钟的时间,但是效果显著。除此之外,语言提示、动作示范、同伴作用、改变环境、利用音乐游戏,这些都是我们可用的策略,提前做好准备,根据现场情况随时调整。

(三)鼓励与肯定

鼓励和肯定是我们这节观摩活动后一定要做的事情。对于特需幼儿来说,尽管今天西西的吵闹几次差点打乱这节活动,但还是要看到她的进步和成长。她在兴奋的情绪下,在特教老师带出班安抚后,能够回到活动现场,能够比刚才稍微安静地坐在旁边,能够在我的怀中结合这本书跟我有效地对话,对于一名孤独症的孩子来说,这已经是在主动调整自己适应新环境、参与新活动了。三十分钟的活动,有五分钟她是相对安静的,还有五分钟是我们一起在阅读互动的,这就是从零到有的突破。下一次再面对这样的环境,哪怕她又增加了一分钟的有效互动,就又是一次进步。对于其他的孩子而言,面对干扰,他们可以保持专注的状态,这样的学习品质不是该值得肯定吗?他们对西西的包容,没有烦躁、没有嫌弃,而是用平常心来接纳她,这不是更值得鼓励吗?每个孩子闪光的地方我们都要能捕捉到,及时地鼓励和肯定,这样才能让他们充满自信地相互学习。

这是一节生动而真实的融合活动,尽管曾一度看似被西西"破坏",却最终成为一场完美的教育活动。正是这场活动,让我知道了每一个孩子都怀揣着纯真而深沉的爱,每一位老师都散发着关爱与责任的温暖光芒。在爱与被爱的环境中,每个孩子都能茁壮成长,每位老师都能在这份神圣的职业中感受到满满的幸福感。

这次活动得到了现场观摩教师们很高的评价,由此,也让他们更深地体会到了北大幼儿园的包容、接纳的文化氛围。希望这次融合活动能够给在这些新教师心中种下对特需幼儿爱的种子,让他们在未来的教育生涯中,能够用关爱和尊重去对待每一个有特殊需要的孩子。我们分享了彼此心中最柔

四 "孩子王"谈融合教育

软、最坚定爱的力量，相信老师付出的每一份爱都会有收获，我们会尽我所能帮助更多的有特殊需要的小朋友，他们会在这个充满尊重与爱的环境里自由地绽放、幸福地成长！

图 4-1 新教师们在观摩课之后的留言

在一次次尝试中成长

伴随着孩子们嬉戏的喧闹声，特教专职教师灵灵老师来到了小乐的班级。活动室的一张桌旁坐着三四个小朋友，大家安静地坐在那里专注地玩着各自喜欢的玩具，其中也包括小乐。他手里不停地摆弄着几个积木块，时而拿起红色的，时而拿起绿色的，翻过来翻过去，试图摆放进嵌板里。这样的动作大概持续了五分钟，灵灵老师一直静静地看着小乐，想观察他是不是真的会玩。突然，有一个热情的小男孩走了过来，直接拿起一块红色的积木块按照正确的摆放方法放在了嵌板上，可是小乐似乎很不喜欢别人加入他的世界，朝着小男孩大声喊叫："啊，不要不要不要！"并把小男孩的手推开了。热情的小男孩看了一下小乐，又看了看灵灵老师，有点懵，灵灵老师笑着解释："也许他想自己寻找正确的拼搭方法吧。"随后小乐时不时会皱起眉头，手里拿着积木不间断地更换着，灵灵老师也一直在寻找合适的介入时机。

四 "孩子王"谈融合教育

当小乐再次拿起一个黄色的积木块,仍然摆放不对时,灵灵老师便用简单的语言提示:"换个方向。"小乐头也不抬,低头按照老师的指令摆弄着,可是发现还是不对。他拿起黄色积木准备放回桌子上,灵灵老师又继续说:"再换个方向试试。"他收回手,仍旧拿起黄色积木摆放起来,但还是不对。臧老师耐心地说:"再换个方向吧。"就这样经过几次的言语提示,小乐终于放对了,从他脸上,灵灵老师看到了逐渐放松的表情。紧接着他又拿起一块积木继续摆放,而灵灵老师还是静静地看着,想知道他是否记住了刚刚的提示。不出意料,他显然没有记住,他一次又一次尝试,灵灵老师再次用语言提示他调整积木的方向。这块积木提示的次数比上块积木的提示次数更多了。经过两人不懈的努力,最后小乐终于放对了。就这样,语言提示循环了大概十几次,小乐才将一个完整的嵌板拼好。灵灵老师适时夸赞说:"哇噢,小乐好厉害,竟然把一个完整的跑道拼出来了呀!"他终于抬起头看了灵灵老师一眼,模仿着老师说:"跑道",紧接着把下巴放到嵌板上,露出一丝满足的神情。

灵灵老师正打算离开,小乐却把所有的积木块倒在桌子上,又要重来一次。这时灵灵老师心里盘算起来,刚才拼好这个跑道用了大概二十分钟,这一次他会用多长时间呢?还会记得刚刚教的方法吗?第二次开始了,小乐貌似学到一些规律,很从容淡定地先将最外圈的长积木放好了,然后依次拼接第二层、第三层、第四层,过程中有几次也没有摆放好，需要老师给予语言的提示："换方向"。但是这一次他只用了八分钟的时间就全部拼接好，而且每一块积木都摆放准确。灵灵老师由此感悟：可能有时候并不是特需孩子不能够专注地去做一件事情，而只是因为他们不会玩而已。紧接着小乐又开始了第三次的拼搭，然而这一次，他并没有按照既定规律去拼搭，而是非常随意地摆放，不一会就听到他一边拍手一边呐喊："好了好了！"这次他只用了三分钟的时间。一旁的灵灵老师也不禁为他的成功拍手叫好。

通过小乐的案例能够看出，老师既要有接纳、包容的心态，还要能够静下心来，通过细致的观察、积极的思考和耐心的等待，方能寻求到正确的教育契机和适宜的支持方式，在尊重幼儿的个体差异的基础上来解决问题。灵灵老师充分了解孤独症幼儿的特点，提示虽然简单，但却具有积极、互动、适时、适宜的特点，在不打断幼儿自身主动思考和探索的情况下，在孩子最需要帮助的时机给予了恰当的点拨。幼儿能够由最初不会玩这个玩具，到逐渐能够独立进行拼搭，灵灵老师在整个过程中干预得很少，更多的是在观察和思考，充分体现了给予幼儿充分独立探索空间的教育理念。

超级挑战

亮亮是帅帅老师班的插班生,在刚升大班时来到了这个班级,是一名孤独症谱系幼儿。妈妈口中的他在家里是个调皮捣蛋的孩子,但是在幼儿园又是一个胆小害羞、不会和小朋友交流沟通的孩子,语言发育迟缓。在班里,亮亮一定要坐在固定的位置上,不喜欢运动,害怕下楼;虽然有一定的自理能力,但是非常依赖老师和其他孩子的帮助,缺乏独立性,只有叫他或者提示他该做什么事儿的时候,他才会跟着老师去做。这些问题都将成为亮亮上小学时面临的最大挑战。

"挑战是什么?"帅帅老师问孩子们。有的孩子说:"挑战就是和小朋友比谁更强!"有的孩子则说:"挑战就是做最难的事情!"老师笑着点头:"那最难的事情是什么呢?""是成为钢琴首席、科学家、画家……""挑战可以从小事做起,尝试和突破是挑战,学习新技能、克服恐惧是挑战,坚持一件事情不放弃也是挑战。最重要的是,挑战让自己成长，让我们变得更强大，我们要勇于面对挑战！"于是"超级挑战"的主题活动在班里火热开展了起来。

亮亮有自己的刻板行为，一切环节要按流程做，尤其是洗手时，他会严格按照七步洗手法的步骤。有一次，排在他后面的孩子不耐烦地催促他："亮亮，你什么时候才能洗完啊？"听到后，帅帅老师认真地对小朋友们说："亮亮每次洗手都是按照七步洗手法的步骤和顺序完成的，别看这小小的一件事情，坚持下来可不简单呀！这是亮亮给自己的挑战任务。"自那以后，孩子们不再催促亮亮，反而看着他洗手的专注状态，不由得对亮亮的坚持和认真产生了钦佩，亮亮的眼中也因为其他孩子的认可和老师的表扬透出满意又自信的光芒。

以往的值日任务中，亮亮总是要依赖小朋友帮忙分配任务，才知道自己应该做什么，从不会表达自己想要做什么。帅帅老师觉得亮亮也需要在集体中获得成就感和价值感，于是和亮亮商量，让他来当小老师，提示大家洗手，还给亮亮说明并示范了具体的任务流程："每个从厕所出来的小朋友都要按照步骤洗完手才能离开。"最初几天，老师会帮助他组织小朋友进行这个流程，偶尔也会小声提醒："亮亮，有个小朋友从厕所出来了没洗手！"亮亮听完后，紧张地追上去，认真又严肃地把小朋友拉回来说："你得洗手！"就这样，亮亮从最开始的顾此失彼、手忙脚乱，连喊洗手步骤都不敢大声的小老师，到后来慢慢掌握了整个流程，能够大胆主动地指导、纠正小朋友洗手的过程，俨然成长为一个认真、严格，

四 "孩子王"谈融合教育

又敬业的洗手小老师。从那以后在帅帅老师班里,不论是孩子还是老师,只要从厕所出来,不论有多着急的事,都得在亮亮"老师"的监督下,按照步骤洗完手才能出去。

亮亮在班级中越来越独立,逐渐脱离了老师和其他孩子的带领和帮助,慢慢开始喜欢表现自己。有一次,班里负责升旗的小主持人在练习,亮亮乖巧地坐在老师身旁学习,还模仿老师指导起来,声音非常洪亮。帅帅老师敏锐地观察到了亮亮的行为,看到了他模仿时的状态,决定给予亮亮一个展示自己的机会——帮助亮亮完成在全园老师和小朋友面前讲话的挑战。于是,帅帅老师向亮亮发出邀请:"亮亮你声音这么洪亮,要不要试一试在国旗下讲话?"亮亮听完缩了一下身子,看起来有点紧张,但他的眼神里却也透着些许自信和骄傲,以及一丝丝小期待。老师趁热打铁地鼓励他:"咱们可以说一个比较简单的儿歌,我带着你练,一定没问题!"在帅帅老师的鼓励和推动下,亮亮略带犹豫地点了点头,表示同意。经过练习,亮亮记熟了儿歌。为了让亮亮的挑战更加顺利,帅帅老师带领他来到旗杆下实地练习,一遍又一遍地帮助亮亮熟练地记住所有的流程。亮亮也在大家的加油鼓励下表现得越来越自信。升旗的这一天如期而至,亮亮在所有人热切的注视下,独自迈着自学的正步,骄傲地走到旗杆下,站上讲台,流利地朗诵着那首他反复练习、早已烂熟于心的儿歌,声音洪亮而自信。朗诵完毕,热烈的掌声响起,亮亮知道他又成功地完成了一次挑战。

自此，亮亮开启了自我挑战之路，他的变化和进步越来越明显：做操时他认真努力做动作，力求每个动作都十分标准，还抢着去领操；比赛讲故事时，他积极举手，与其他孩子一样争先恐后表现自己；区域游戏活动中，他加入同伴游戏，帮助同伴递材料，认真观察他人的需要；日常生活中他主动帮老师搬凳子，帮忙干活……在他身上再也看不到羞涩和胆小的影子了。

升入大班以后，幼儿的个性特征有了较明显的变化，其中最突出的是幼儿自我意识的发展，开始对自我进行评价，从依从性评价向独立性评价发展，从个别性评价向多面性评价发展；幼儿注意的广度也开始有所提高，除自己外，对同伴的关注越来越多，幼儿开始意识到自己和他人的不同，也开始和周围同伴进行比较。即使是特需幼儿，也有与普通孩子一样的心理需求。在帅帅老师的班级中，特需幼儿和普通孩子一起快乐地成长，享受同样的自然、包容、接纳的融合教育环境。特需幼儿不仅仅是被动地接受，接受其他孩子们的帮助，接受老师的支持与服务，他也是班级中的一分子，也是班级的主人，因而也有为他人服务、帮助别人的愿望和需求，他也有展示自己、获得他人关注和赞赏的愿望。特需幼儿和普通孩子之间的关系应是互为成长资源。

四 "孩子王"谈融合教育

接纳的九种含义

关于如何与孩子们互动这个话题,我深有感悟:幼儿需要我们尊重,需要我们把他们当成一个完整的人,给予足够的尊重。这种尊重既有理念上的尊重,也包括形式上的尊重,这是由幼儿的思维特点决定的。这些形式具体包括老师的动作、表情、体态、语气、语言等,这些能够让幼儿直观感受到。

孩子们喜欢蹲在地上玩,有时候还会趴在地板上或是坐在地上,作为老师如果高高在上地站着跟孩子交流,不管是讲道理,还是提要求,哪怕是热情地打招呼,孩子们都会觉得有压力。幼儿即使站着,也与成人的身高有显著的差距,更别说他们坐着或趴着了。想象一下,如果孩子们正在玩游戏,或者在活动区搭积木、过家家,老师走过去居高临下地说:"孩子们,咱们能不能把这里收拾一下,你们看你们把这里弄得多乱啊!"这个时候孩子们可能都不会看老师,因为他们需要使劲儿仰着头才能看到老师的脸。在孩子们的视线里,老师是那么高大,会产生一种强烈的压迫感。即使孩子们顺从了老师的要求，那肯定也是出于对老师的畏惧，迫于压力，并非心甘情愿。如果老师尝试改变体态和语言方式，比如跪在地板上，或是盘腿坐在地板上，面对面地与孩子们平视并沟通，他们会觉得很亲切，很平等，很舒服，很自然，也就会很乐意接受你的意见，或是向你表达他们内心的想法。这就是体态和语言的重要性。

除了体态、动作这些外显的东西，老师面临的更大挑战在于要从观念、理念上尊重幼儿，这种尊重并非仅仅停留在表面，而是源于内心深处，这才是真正的尊重。从《指南》《纲要》这些文件中学习到的理论知识，要想将这些理念真正转化为行动，老师们还需要深入理解、深刻体会，并通过实践内化于心，这样才能够从更深的层面理解这种尊重。尊重幼儿，意味着要尊重他们的各种需求，不仅是发展需要、成长需要，还要尊重他们的年龄特点、兴趣等等。更进一步地说，还要接纳孩子们的不同，尊重他们的想法和个性差异。谈及差异，要用"尊重"这个词，而在"尊重"之前，首先要做的是"接纳"，这是"尊重"的前提。

融合教育要求幼儿园要抱着开放的心态，欣然接纳那些有特殊需要的儿童。每个孩子身上都有我们称之为"特点"的东西，都是独特而宝贵的。过去，我们常强调对孩子们的"宽容"，但我认为"宽容"这个词似乎隐含了对方存在某种过错的意味，需要我们去原谅这种错误。然而，我们要"宽容"的这种"错误"，恰恰就是孩子们的特点，是他们表现

四 "孩子王"谈融合教育

出来的不一样的特质。所以,我觉得"宽容"这个词不恰当,"接纳"和"尊重"这两个词或许更能准确地表达我们对孩子们应有的态度。

第一,要接纳孩子的"淘"。孩子淘气一定要接纳,也必须得接纳。淘气实际上是孩子们的天性所驱,这非常美好,若孩子不会淘气,那便意味着他们失去了那分最本真、最原始的生命力。孩子们无忧无虑,喜欢探索未知,喜欢挑战极限,他们喜欢登高爬低,觉得坐在沙发上乏味,得爬到沙发背上才新鲜、好玩。所以对于"淘",需要认识到以下几点:"淘"是孩子与生俱来的特点;"淘"是孩子正常且健康的表现;孩子会"淘",说明他们在身体和心理上得到了良好的发展;孩子们能"淘",说明他们感受到了身边人的关爱,有安全感,且拥有了快乐、有趣的源泉。孩子们在"淘"中发展,变得更加聪明、更加勇敢,他们的好奇心和探索欲被充分激发,将会获得更好的发展。所以我们一定要接纳和尊重孩子的淘气。

第二,要接纳孩子的"怪"。为什么要用"怪"这个词呢?因为有的孩子跟大多数孩子的行为方式不同,对于那些不懂教育、不懂孩子的老师而言,可能会误以为孩子有"怪癖"或者行为怪异。事实上,有的孩子表现出来的那种所谓的"怪",恰恰可能是他独特而宝贵的闪光点。比如,有的孩子特别喜欢摆弄、琢磨各种东西,还有的孩子热衷于把杯子等各种东西倒着放,还有的孩子穿衣服的时候就喜欢采用与众不同的方式。这些看似不合常规的行为，恰恰都是孩子们对这个世界主动的尝试和探索，是我们应该鼓励和珍视的东西。要促进孩子的发展，包括思维发展，启迪聪明智慧等，是需要打破思维定式的。如果每个孩子都被塑造成一模一样的，像千篇一律的豆腐块，相互之间没有差异，那这样的孩子将失去个性特点，甚至可能因为害怕与众不同而不敢展现真实的自我。所以我觉得应该接纳孩子的"怪"。

有时候，通过孩子可能有点儿"怪"的表现，教师还能发现一些问题，比如，发现一个孩子频繁地上厕所，或者不爱睡午觉，别人睡觉的时候他偏要干点儿别的。对于这些"怪"的表现，作为教师，我们不能掩盖、拒绝，或者试图控制孩子不允许他"怪"，而是要接纳。通过孩子们"怪"的表现去观察和思考，老师可能会发现，孩子频繁地上厕所也许是生理上的问题，身体有点小恙了，需要特别的关注；孩子不想睡午觉可能是因为他心理上有压力，或者某件事给他造成了心理小阴影，让他感到不安。我们不仅要学会接纳孩子的"怪"，同时还要善于通过"怪"来甄别孩子遇到的问题或困难，发现孩子的优势和闪光点。

第三，要接纳孩子的"脏"。想象一下，一个孩子在幼儿园待一天，回家以后，他的衣服鞋子都是干干净净的，小脸儿小手也都得是干干净净的，你是否会有疑虑？实际上，这正是我们探讨孩子特点的一个重要方面。从孩子的年龄特点来讲，他天性活泼好动，对世界充满好奇，不可能举着两

四 "孩子王"谈融合教育

只小手哪儿都不碰，什么都不摸；他也忍不住一天都不在地上爬或是打滚。所以，当你看到一个孩子衣服或裤子弄脏了，小脸儿小手也弄脏了，你应该推测出他刚才玩儿得很开心、很尽兴，活动得也很充分了。反之，如果这个孩子很怕把自己弄脏，而大人也担心他弄脏，导致他在活动的时候小心翼翼，什么都不敢摸不敢碰，那这个孩子就失去了体验探索的乐趣，失去了体验童年的快乐，更失去了成长的宝贵机会。

当然，接纳孩子的"脏"并不意味着放弃对其卫生习惯的培养。我们的卫生防疫工作有基本的原则，比如吃饭前要洗手，这些是一定要遵守的。但任何事情都有一个"度"，过犹不及。从科学角度来讲，我们的身体和生活的环境中生存着好多的病毒和细菌，每个人都需要适应这样的环境。如果一个孩子被呵护得过分仔细，父母或老师总是追求杜绝病菌，绝对卫生，那这样的孩子体质会非常弱，抵抗力低下，对周围的环境也缺乏必要的免疫力。一个医生朋友给我讲过一个事例，现在咱们国内肺结核几乎已经灭绝了，但有几年大学校园里忽然又出现了个别病例，得病的学生来自偏远的大山里。这也许是因为大山里的空气太干净了，相比于生活在城市中的学生，来自山区的学生因为接触到的病菌较少，免疫力比较低。就像接种疫苗一样，少量的灭活疫苗能够起到增强免疫力的作用。因此，在培养孩子卫生习惯的同时，我们也需要让他们适当地接触一些"脏"的环境，提高他们的免疫力，使他们更好地适应这个充满挑战的世界。

第四,要接纳孩子的"丑"。面对一个班的孩子,老师有时候会不自觉地去关注那些长着大大的眼睛、长长的睫毛、圆圆的脸蛋,白白的皮肤的孩子,下意识地给这样的孩子更多的疼爱、拥抱和夸赞。而这样做,其他的孩子很可能会有意无意地被忽略。作为专业的教育工作者,这样的做法一定要避免。教师的一言一行体现出了对孩子们的评价标准,能否对孩子们一视同仁,究竟更倾向于偏爱谁?是那个聪明伶俐的孩子?还是那个伶牙俐齿,善于讨人欢心的孩子?又或那个外貌出众的孩子?是否有些孩子让我们忍不住想去抱一抱,甚至亲一亲?同时,是否有些相貌平平、性格内向、寡言少语或者发展较慢的孩子被无意中忽略或者嫌弃了?

每一个个体都是独一无二的,他们的外貌或许各有千秋,有的孩子天生丽质,有的孩子相貌普通,但每个孩子的内心都蕴含着无尽的宝藏和潜能,他们的思想深度与广度可能远超我们的想象。

即使有的孩子相貌平平,发展也平凡无奇,他们依然是我们的教育对象,是值得我们疼爱的孩子,我们也应该一视同仁,而不应该用带偏见的眼光嫌弃或忽略。从师德和职业素养的角度来说,这无疑是我们的义务和责任。但从更深层次来说,我们不应因为职业标准的束缚而被迫这样做,如果我们有一颗广博的爱心,那就会发自内心地去关爱和疼爱每一个孩子。

四 "孩子王"谈融合教育

第五，要接纳孩子的"弱"。弱是指什么？在一个班的孩子中，必然会有个别综合能力特别突出的孩子，同时也会有相对来说综合能力特别弱的孩子，有时候二者可能会差出一两个年龄段。而绝大多数孩子会处在两者之间的中等水平。弱的孩子虽然到不了残障儿童的标准，但是他的确在某些方面显得较为薄弱。儿童年龄相近但发展状态却差异较大，这并没有什么好奇怪，因为这就是大自然中自然的生态分布状态。

对于孩子的"弱"，我们要学会用辩证和发展的眼光来看待。有的孩子现在看来可能比别人稍逊一筹，但他后期的发展可能会加快，赶上甚至超过其他人，反弱为强。有的孩子的弱可能只是表现在某些显眼的活动中，在其他方面并不逊色。但是教师如果因为一叶障目的偏见给他定了性，贴上了"弱"的标签，就可能总把他当成弱的孩子，而剥夺他很多表现和成长的机会。

所以我们要接纳孩子的"弱"，深刻地认识他的"弱"不过是这个时期很正常的一个状态。我们的责任是营造一个平等而宽松的环境，让他在老师的悉心指导下，慢慢地强起来；或者他可能某些能力依然很弱，但是他能够按照自己的轨迹快乐成长，这也是一种很健康的状态。

第六，要接纳孩子的"慢"。"慢"和"弱"有相似之处。每个孩子都有他们独特的成长节奏，有些孩子发展较慢，或者接受新事物的速度不如其他孩子快。这同样是孩子的特点，而不是缺点。有时候，这种"慢"并不一定就不好。多年前，我带大班的时候，孩子们要学习 20 以内的加减法。基于之前学的数和量的基础，有的孩子一学就通，很容易就从实物转换成抽象的数字运算，可是也有的孩子难以掌握。有个小女孩对于加法游刃有余，可是对于减法却怎么也摸不着头脑。她是 8 月份出生的，年龄相对较小，可是届时也得上小学。我和家长都感到有些焦虑，尝试了各种办法都不行。暑假的一天，她爸爸给我打电话，告诉我孩子突然间就明白了减法的奥秘，这让我们都感到惊喜和欣慰。类似的情况，在我们身边并不罕见。个别孩子有几个字或词的发音不清楚，或者压根发不出来，但上小学前突然就会了。所以，我们要学会以宽容和理解的心态去接纳孩子的"慢"。"慢"并不是因为孩子笨，它可能是生理原因、心理原因，甚或是环境原因，等等。我还认识两位成年人，一男一女，他们即便成年了依然有个别音发不出来，可是并不妨碍他们个体的发展和事业的成功。孩子在幼儿园这三年，我们要尽可能给他们提供最好的成长环境和资源，鼓励他们按照自己的节奏去探索和发现这个世界的美好。

第七，要接纳孩子的"冷"。有一种孩子，看上去很"冷"：一是很少笑；二是不愿意主动跟别人打招呼，也不喜欢别人跟他过分亲热，好像天生与人有距离感。对于这样的孩子，如果老师过分热情，他会感到有压力，感到不自在。在集体中，这类孩子往往显得默默无闻，存在感很低，甚至不自觉地被老师忽视。那些聪明伶俐、活泼好动或是淘气调皮的孩子，他们总能轻易地吸引老师的目光。与之形成鲜明对比，这些"冷"孩子不怎么出声，不犯什么错误，也没有什么突出的表现，有时候一天下来，你甚至都想不起来他今天来了没有。记得过去参加师资培训时，培训老师就提示过要特别关注班上这种有点儿冷漠、边缘化的孩子。正是因为受过专业的幼师教育，我在带班的过程中会特别地关注这样的孩子，但是老师的关注也改变不了他们的性格。我关注这样的孩子，邀请他参加活动，从内心来说有时候也想让他成为主角，但我改变不了他的意愿。就像在一部电影中，主角和配角各有其存在的意义，每个人在人生舞台上也有自己愿意扮演的角色，都是他自己的选择，是由这个人的身心特点决定的，别人不能强求。作为老师，我们需要给这样的孩子足够的关爱，尊重他们的特点，别让他们的内心太过封闭，让他们也能用自己的方式享受集体的快乐，喜欢自己所在的集体，即便是在心里悄悄地喜欢。

第八，要接纳孩子的"怀"或"怯"。有的孩子可能个性比较内敛，给别人感觉有些胆怯，这是天生性格决定的；也有的孩子可能是与外界的接触少，还没有能够适应大场面或不熟悉的环境。所以我们要首先接纳，然后试着理解他们，再根据具体情况给予他们合适的教育支持。这样，我们才能更好地帮助孩子克服恐惧和羞涩，让他们在未来的成长道路上更加自信、从容地面对各种挑战。

第九,要接纳孩子的"傲",这个特质和"冷"在某种程度上有所相通,但又不尽相同。"傲"指的是骄傲,有些孩子的个性中天生带着这样的特点,往往表现得特别要强。这样的孩子也需要我们正确的引导,因为有时候他们的这种要强表现出来是"只有我行,这个东西只能给我",这就可能演变成霸道和自私。然而,如果我们能够给予他们适当的引导和培养,可能就能转变成为孩子性格上的优势,让其成为爱思考、爱钻研的孩子,形成不屈不挠的性格和坚强的意志品质。

学会等待

在几十年的漫长成长历程中,我历经风风雨雨,不断摸索前行,收获了无数宝贵的经验和深刻的教训,这些珍贵的财富成为我人生道路上不可或缺的指引和动力。

我的同事帆帆老师有两个孩子,她对老大的要求一直都非常严格,期待也很高。老大有时候做得不够好,她会非常严厉地对她说话,有时候甚至故意打击。而老二出生后,帆帆老师的育儿的理念有了转变,知道应该尊重孩子,对待孩子要宽容、接纳、等待。这些积极的教育理念已经深深地植入了她的内心,对待老二的心态和方法也发生了根本转变。因而,相比于老大,老二更加自信开朗。

这些理念都是相通的,不光适用于教育孩子,也可以借鉴在团队管理上。我对身边的这几位幼儿园里的管理层老师,一方面很理解和宽容,另一方面很感恩。在幼教领域不断地学习、研究,获得提升,对个人的为人处世都有益。身边的一位同事曾向我倾诉她与丈夫之间的小矛盾,以及由此带来的烦恼。当她跟我抱怨时，我尽力开解她。在她抱怨的话语中，我发现尽管她对丈夫有不满，但内心依然保持着宽容的态度。幼儿园工作带来的修炼、学习和提升在潜移默化地影响着我们的生活，影响着我们对人、对事的心态。幼教这个行业不仅仅是奉献，更是和生活紧密相连。我希望老师们不仅关注工作对生活的引领，更能捕捉到这份事业给生活带来的美好与智慧。我们现在对教育工作的投入，对待孩子的态度，对教育真谛的不断领会，也在无形中地提高我们自身对世界的认知和内心的修养。

在我初入职场的时候，对这些都不懂，不懂等待，心态也不够平和。与孩子们互动的时候，常常陷入纠结和较劲的状态，跟孩子们较劲儿，也跟自己较劲儿。上课的时候，我渴望孩子们能够对我所讲的内容积极回应，她们能做到，我会觉得特别开心。但有时候她们好像并不明白我的意思，然后就会出现"大眼瞪小眼"的尴尬场面，这时候我就会十分焦虑。每当遇到孩子们学习进度不一的情况，我都会尽我所能去帮助她们，甚至会给进度落后的小朋友补课。比如，在教孩子们儿歌的课上，有的孩子一会儿就能说得很流利，可有的孩子磕磕巴巴，啥也说不出来。我心急如焚，主动给这样的孩子补课，希望她们能够尽快跟上进度。

随着自己不断地学习、进步和成长，我才慢慢地领悟到等待的重要性。不管学校里学的专业有多么深入和全面，也一定要付诸实践，在实践中运用、磨炼和思考，然后带着实

四 "孩子王"谈融合教育

践中的感悟再去学习,接着再去实践。这是我领悟出来的成长的必经之路:从实践到理论,理论回到实践中再提升,如此循环往复,螺旋式上升。《幼儿园教育指导纲要(试行)》刚颁布的时候,幼儿园的靳老师带着我们学习,随后还进行了考试。考得最好的是我和杨老师,靳老师称赞我们俩能领会文件精神的精髓。我们并非仅仅靠阅读文件,或专家指点,而是要将学到的东西带回到实践中去尝试、验证,在实践中去体会,让这些理论要求内化于心,如此才能让自己取得真正的进步。

学会等待,到底等待的是什么呢?

有一年,我和刘老师一起带一个大班。大班末期时,孩子要学习数的组成和分解,然后过渡到加减运算,以及书写数字。大部分孩子学得都很好,个别孩子学习却很费劲,其中就有小叶子。在运用了各种教学方法和策略后,小叶子总算学会了加法,可是无论我们怎么努力,用什么方法,她就是对减法还是一头雾水。我作为班主任,看在眼里,急在心里,安慰刘老师:"咱俩也别着急了,小叶子8月份出生的,相比其他孩子较小。小叶子已经够努力了,咱俩别太较劲儿了。"我在安慰刘老师的同时,也是在安慰自己。但是,小叶子的爸爸是一位特别要强的人,不能接受他的孩子比别人差。我们按捺着内心的焦虑,用幼儿心理学的知识开解小叶子的爸爸:"小叶子年龄小,跟别的孩子相比,差半岁。半岁对大人来说没什么区别,但对孩子来说,半年的发展水平就会差很多。"虽然我能给小叶子爸爸讲这些理论，但自己也没有信心，一边儿暗自着急，一边儿安慰家长。但为了给孩子减轻压力，有一段时间我们就对孩子放松了一点儿，不再在这件事上较劲。眼看着，就快放暑假了，孩子们就要从幼儿园毕业了。突然间小叶子就会减法了，仿佛一下子顿悟了。

这个例子就是对"等待"的最佳诠释：孩子的发展和成长有自己的规律和路径，作为老师不能催促，更不能揠苗助长；随着孩子的心智发展，积累到一定的程度，量变就能带来质变。

我身边还有很多这样的例子。一位同事家的女儿，幼儿园期间一直不会发"是""吃""只"这几个音，说到这几个字时，经常是"嗯哼哼嗯哼"的。但是赵老师是学心理学的，知道孩子的发展规律，一点儿不着急。果然，小学开学之前的 8 月，小女孩给我发了语音，这些不会说的音突然就全会了。还有另一位同事的孩子小聪，一直不会说翘舌音，大家不光没跟他较劲儿，还都觉得特别好玩儿，经常逗他。到大班后期，小聪突然就会发翘舌音了，发音还特别标准，上小学以后，汉语拼音也学得特别好。

因此，我们要学会耐心等待，守候花儿绽放的时刻，同时保持内心的宁静与平和。待到花开之时，固然是美好的景致；但即使花儿未曾盛开，或者它们以另一种形态呈现，又能如何呢？我们依然可以欣赏生命的多样性，接受孩子们的独一无二。

附录1　研究论文

幼儿园家长融合教育观念研究——以融合幼儿园中普通儿童家长为例

一、问题提出

目前，将学龄前特殊需要儿童纳入普通教育体系已经成为国际性教育潮流，各国都在努力推动学前融合教育实践和理论的发展。

融合幼儿园需为特殊需要儿童营造宽容、接纳、平等的人文环境。家长的认知和态度既能够影响自己的孩子，也能影响班级老师，甚至其他家长，从而对特殊需要儿童所处的周围环境产生影响。曾有研究者调查发现普通幼儿家长对全纳教育对特殊需要及普通幼儿的积极作用认识不足，对幼儿园教师和全纳教育缺乏信心；普通和特殊需要两类家长对孤独症谱系儿童融合态度总体积极，但对融合教育实施的信心较低，对融合教育实施中的心理和管理需求很高；小学融合班级普通家长对特殊需要儿童态度总体积极,对融合教育比较了解的家长对特殊需要儿童的态度最积极。笔者经梳理发现,相关文献的年代都较早,近几年关注融合教育中家长态度的有价值研究较少。

本研究希望调查融合幼儿园中普通幼儿家长融合教育观念现状,继而对学前融合教育的进一步发展提出一些建议。

二、研究方法

本研究采用问卷调查法,主要考察家长对学前融合教育的态度和行为,共设六个问题:(1)对特殊需要儿童进入普通幼儿园学习的态度;(2)对学前融合教育的认知;(3)特殊需要儿童适合在哪里就读;(4)融合教育对儿童的影响;(5)对特殊需要儿童的看法;(6)是否会鼓励自己孩子与特殊需要儿童交往。问题以问卷形式发放。选取北京一所建园历史悠久,开展融合教育20年的融合幼儿园,随机抽取404名幼儿家长,共回收404份有效问卷,问卷回收率100%。参与问卷的家长女性310名,男性94名;硕士及以上学历302名、本科学历85名、大学学历14名,高中及以下学历3名,96%以上为本科及以上学历。

三、研究结果与分析

(一)对特殊需要儿童的看法和态度

针对问题1,绝大多数家长选择"A"(89.85%),"B"(89.11%)和"D"(68.81%),绝大多数家长看待特殊需要儿童的态度客观、积极、正向和尊重。33.17%的家长选择"F",表现出同情的态度。极少数家长选"E"(1.73%)和"C"(2.48%),对特殊需要儿童态度消极、否定。(见表F-1)

表F-1 问题1(对待特殊需要儿童的看法和态度)(n=404)

项目	选择	百分比
A. 也是孩子	363	89.95%
B. 需要照顾	360	89.11%
C. 他们很奇怪	10	2.48%
D. 他们也有可爱的地方	278	68.81%
E. 有点笨	7	1.73%
F. 很可怜	134	33.17%

(二)普通家长对学前融合教育的认识

1. 学前融合教育的概念

问题2,65.59%的家长选"A",表示他们能够理解学前融合教育的积极作用。39.36%的家长选择"B",22.77%的家长选择"D",绝大多数家长对于融合教育的开展形式并不清晰,对学前融合教育概念认识和理解都不深入。绝大多数家长(72.03%)选择"C",这表明他们对幼儿园的责任很清晰,对其期望很高。仅有14.11%的家长选择"E",说明绝大多数家长能够认识到普通儿童与特殊需要儿童的区别,并认为应当提供不同的教育支持。(见表F-2)

表 F-2 问题 2（什么是学前融合教育）（$n=404$）

项目	选择	百分比
A. 特殊需要儿童获得了平等进入幼儿园学习的机会	265	65.59%
B. 普通儿童、特殊需要儿童在同一个教室里学习和活动	159	39.36%
C. 重点是幼儿园为特殊需要儿童提供合适的、高质量的教育和支持	291	72.03%
D. 特殊需要儿童放在普通班级进行康复训练	92	22.77%
E. 普通儿童、特殊需要儿童接受一样的课程即可	57	14.11%

2. 融合教育对园内儿童的影响

在问题 3 上，24.01% 的家长选"A"，2.23% 的家长选择"B"，33.66% 的家长选择"C"，2.97% 的家长选择"D"。这些数据说明，约 60% 的家长认为学前融合教育对特殊需要儿童是有帮助的，只有少数家长（33.66%）认为普通儿童也能从中受益。另有 37.13% 的家长对学前融合教育的作用存疑，选择"E"。（见表 F-3）

表 F-3 问题 3（融合教育对园内儿童的影响）（$n=404$）

项目	选择	百分比
A. 对特殊需要儿童有促进，对普通儿童影响不大	97	24.01%
B. 对特殊需要儿童有促进，对普通儿童有负面影响	9	2.23%

续表

项目	选择	百分比
C. 两类儿童都会受益	136	33.66%
D. 不利于特殊需要儿童,也不利于普通儿童	12	2.97%
E. 不好说,看特殊需要儿童的能力情况	150	37.13%

在开展多年融合教育的幼儿园,在学历普遍较高的家长群体中,对学前融合教育认识还不够深入,尤其是在融合教育的形式和融合教育对于普通幼儿的教育价值方面。

(三)家长对特殊需要儿童的接纳态度

1. 对特殊需要儿童进入普通幼儿园学习的态度

"问题4"中,46.78%的家长选择"A",从受教育权的角度认可特殊需要儿童进入普通幼儿园的权利。50.74%的家长选"C",对特殊需要儿童的程度进行了区别对待。有2.47%的家长选择"B"和"D",极少数家长基于学前教育保障能力的原因,不认同特殊需要儿童进入普通幼儿园。(见表F-4)

表F-4 问题4(家长对特殊需要儿童进入普通幼儿园学习的态度)(n=404)

项目	选择	百分比
A. 所有儿童,无论能力程度如何,都有进入幼儿园学习的权利	189	46.78%
B. 普通儿童的学前教育都无法保障,无法顾及特殊需要儿童	3	0.74%

续表

项目	选择	百分比
C.轻度特殊需要儿童可进入幼儿园，程度重的进机构或特殊学校	205	50.74%
D.目前连普通儿童入园都不能满足，特殊需要儿童还是去机构	7	1.73%

2.特殊需要儿童适合在哪里就读

问题5，27.48%家长选择"A"，31.19%家长选择"C"，说明大多数家长（58.67%）能够接纳特殊需要儿童在普通幼儿园学习。27.97%的家长选择"B"，13.37%的家长选择"D"，还是有很多家长（41.34%）并不接纳特殊需要儿童在普通幼儿园就读。（参见表F-5）

表F-5 问题5（特殊需要儿童适合在哪里就读）（n=404）

项目	选择	百分比
A.尽量在普通幼儿园	111	27.48%
B.特殊教育机构或学校	113	27.97%
C.一半时间在特殊学校，一半在普通学校	126	31.19%
D.不知道	54	13.37%

调查说明，大多数家长能够接纳特殊需要儿童在普通幼儿园就读，能够尊重儿童的特点和受教育权利，但也有为数不少的家长认为特殊儿童应在特殊教育机构就读。

(四)家长的行为倾向

针对问题 6,绝大多数家长(89.11%)选择"A"、"B"和"D"。只有 10.89% 的家长选"C"。(参见表 F-6)

表 F-6　问题 6(是否愿意鼓励自己孩子与特殊需要儿童交往)(n =404)

项目	选择	百分比
A. 非常愿意	154	38.12%
B. 愿意	184	45.54%
C. 有顾虑,不太愿意	44	10.89%
D. 无所谓	22	5.45%

绝大多数家长(83.66%)愿意鼓励自己孩子与特殊需要儿童交往,只有少数家长有顾虑。

四、讨论和建议

调查显示,绝大多数家长对特殊需要儿童所持的态度积极、正向,在行为倾向上愿意鼓励自己的孩子与特殊需要儿童交往。在此基础上,如果家长充分了解学前融合教育的概念、形式和教育价值,学前融合教育的前景可期。

另外,家长们能够从尊重儿童受教育权的角度认可特殊需要儿童平等入园,对融合幼儿园的期望值都比较高,这也是学前融合教育需要着力提升的方面。

建议一,融合幼儿园及教育主管部门应采取多种形式加大对学前融合教育的宣传力度,让家长有机会更全面、更深入地了解学前融合教育,获取家长最大的支持和理解。

建议二,教育主管部门加大对学前融合教育的投入。加大对学前融合教师的培养力度,提升专业素养,从待遇和政策方面适当向融合教师倾斜,吸引更多优秀的人才投身学前融合教育事业。加大对学前融合教育的研究力度,尤其是教育价值研究,总结学前融合教育成果,吸引学界及社会关注。加大对学前融合教育的资金投入。这些措施将能够全面提升学前融合教育的质量,满足家长预期的同时,彰显融合教育的价值,从而促进普通儿童家长及社会大众融合教育观念的提升。

(本文获 2021—2022 学年度北京市科研论文一等奖)

幼儿园教师融合教育素养提升的园本研究

一、问题提出

幼儿园融合教育是指将学龄前特殊需要儿童安置在普通幼儿园体系之中，使之与普通儿童一起生活和学习，园所及教师提供适宜的教育支持使所有儿童均获得发展的一种教育模式。《幼儿园教育指导纲要（试行）》明确地指出"幼儿园的教育是为所有在园幼儿的健康成长服务的，要为每一个儿童，包括有特殊需要的儿童提供积极的支持和帮助。"随着我国对幼儿园融合教育的重视，越来越多的特殊需要儿童进入到普通幼儿园就读。但因起步较晚，理论研究及实践探索不够，各地区幼儿园融合教育还处于初级阶段。如何在该阶段迅速推动融合教育整体发展，除硬件环境、人文环境创设、政策支持等，教师素养的提升尤为重要。教师在融合教育方面具有较高素养成为融合教育发展的关键因素。

我园开展融合教育实践多年，但教师在融合教育素养方面良莠不齐，现状依然不乐观，如：

1. 新从事融合教育工作的班级教师对特殊儿童融合教育态度不积极，对自己是否能够开展融合实践不自信。

2. 幼儿教师对特殊儿童教育有积极的认识，但是因缺乏专业特殊教育知识而表现出一定的无奈。

3. 缺乏融合教育基本策略和方法，表现为幼儿教师对特殊儿童的评估、计划制订、教育支持及家长服务等融合知识储备不足，融合教育能力欠缺。

根据我园基本情况，究其原因，可以有几方面原因：

1. 新入职教师在职前培训时未进行相应的专业培训和实践经验，他们不了解什么是特殊需要儿童、融合教育等相关概念。他们在进入融合幼儿园之前，未做好职业知识和能力的储备。

2. 特殊需要儿童个性差异较大，这就决定了需要教师更为个性化的支持策略，对教师素质的要求就会更高。

3. 在职教师有提升自身融合教育素养的需求，但因班级保育教育工作繁重，在工作中摸索中成长，成长速度较慢，没有快捷的融合教育方面的成长途径。

为了让更多的特殊需要儿童受益，为了保障我园融合教育事业的发展，针对我园幼儿教师融合教育素养方面的基本情况，我们进行了提升幼儿教师融合教育素养的园本研究。

二、园本研究的设计及实施

（一）研究主题

根据我园融合师资队伍发展及当前特殊需要儿童成长发展需要，将研究主题定为：通过多种形式提升我园教师融合教育素养，包括专业态度、专业知识和专业能力。

核心概念"融合教育素养"的解析

幼儿教师是幼儿园阶段融合教育开展的主要实施者，他们的融合教育素养对融合教育开展实效性起到决定性作用。随着融合教育的开展，师资队伍建设、教师专业素养提升成为研究重点，"十二五"以来，多位学者进行随班就读或融合教育教师素养相关的政策或调查性研究，他们对融合教育素养的界定多是围绕态度、知识、技能三个方面。本研究中幼儿园教师融合教育素养概念依然沿用已有学者的较为成熟的界定：幼儿园教师开展融合教育教学工作所具备的品质，包括专业态度、专业知识、专业技能及获取支持的能力四个方面。其中专业态度、专业知识、专业技能是本次研究的重点。

（二）研究目标

1.通过园本研究，我园教师在融合教育素养上有较高提升，具体为：

（1）教师在专业态度上，能够认可融合教育基本理念，以积极、正向的心态从事融合教育实践，具有良好的特殊需要儿童观和教育观；

（2）教师在专业知识上，能够掌握融合教育、特殊教育相关基本概念和知识，并能够灵活运用；

（3）教师在专业技能上，具有融合教育的基本教学能力，能够处理融合班级基本问题；

2. 提高我园融合保教质量

通过教师的理论和实践能力的提升，解决融合班级中的问题，提升班级融合保教质量，提高特殊需要儿童班级活动参与度。

（三）研究课程

为了提高班级教师融合教育综合素质，针对不同的教师群体，设置不同的课程内容，具体如下表。

表 F-7 课程内容一览表

融合教育素养	研究课程
专业态度	融合教育概述
专业知识	特殊儿童的筛查办法，包括观察评量、初筛量表评估 认识融合幼儿园中的特殊需要儿童 特殊教育干预方法
专业技能	融合教育中的基本策略 个别化教育计划的制订与实施 班级辅助策略 特殊需要儿童同伴介入策略 问题行为的评估和干预方案 融合教育课程调整方案

(四)主要方法与实施途径

我园在该专题上的研究主要采取四种方法或途径:

1. 园本培训

园本培训是根据我园基本情况,梳理较好的实践经验和研究成果,以高效的方式帮助更多的教师成长。许多专业知识通过园本培训的形式进行。如,我园组织过《特殊需要儿童早期融合教育》《融合班级中的提示策略》《同伴支持策略》《问题儿童个性化支持探索方案》。

2. 外聘专家培训

根据教师成长需要,我园还聘请专家资源来园进行教师培训,如组织过《透过行为了解孩子》《幼儿园班级融合教育策略》《特殊儿童主题绘本在融合教育中的应用》《美国早期干预方法分享》等。

3. 案例研究

我们还通过案例研究的形式提升教师的实践能力,如针对专职教师的《同伴介入策略》案例研究,针对班级教师的《班级融合支持——区域材料调整》案例研究。

4. 课题研究

以科研带动教研,"十二五""十三五"期间,我园共成功申报三项课题,并成功结题,吸纳更多的专职教师、班级教师参与其中,将教研和科研有机地结合。

除以上方式之外,我们在研究小组内组织读书会的活动,每学期共同阅读一本书,每学期每名教师再向其他同志分享一本专业书籍。通过教师主动学习的方式，提升自身素质。

（五）研究过程

1. 成立融合教育研究与培训小组

园所成立融合教育研究小组，小组成员包括：园长、专职教师、融合班级教师、分园管理干部、研发室主任等。每周固定教研的时间，保障研究的正常进行。

2. 按照教师培训、案例研讨和课题研究三方面进行活动

表 F-8　融合教育研究与培训小组活动内容一览表

研究形式	专题内容
教师培训	早期融合教育策略（园本培训） 融合班级提示策略（园本培训） 美国早期干预方法分享（外请专家） 观察记录的填写方法（园本培训） 如何制订个别化教育计划（园本培训）
案例研讨	班级融合支持——区域材料调整 同伴介入策略
课题研究	《问题儿童个性化支持方案探索研究》 《在学前融合教育班级中提高特殊儿童区域游戏活动参与度的支持策略研究》

三、研究效果及反思

（一）研究效果

1. 教师融合教育素养提升

本次研究共计50余名教师参加，他们在专业态度、专业知识和专业能力上均有提升。

专业态度方面，逐渐打消了新任教师的带特殊幼儿的顾虑，他们更愿意了解特殊儿童的身心发展特点，从幼儿的发展需求对幼儿进行支持。融合班级与普通班级相比，班级教师在教学实践能力和研究能力上有更大的发展空间，他们更能够从尊重和支持个体差异的角度对待所有幼儿。

专业知识方面，通过多次通识性培训，各层次的教师能够掌握一定的融合教育策略，愿意主动解决特殊儿童在班级中出现的问题，并将在特殊需要儿童教育中学到的方法用到普通儿童身上。

专业能力的提升体现在：对特殊需要儿童的评估能力、班级教师融合教育策略以及融合教育研究能力。

2. 园所及教师获得的成绩

近20位教师在海淀区融合教育与特殊教育优秀案例评选活动中获得不同奖项；"十二五"各项课题顺利结题，并获得相应奖项，研究成果获二等奖。"十三五"已经提交结题报告。部分研究成果专业院校或区级教师培训活动中分享。

3. 特殊需要儿童的成长

本次研究期间 20 余名特殊需要幼儿获益。通过研究，专职教师和班级教师共同为每一名幼儿制订个别化教育计划，将班级活动进行适度调整，提高了特殊需要儿童的班级活动参与度，专职教师为特殊儿童进行一对一或一对多的个别补救教学。特殊需要儿童的语言发展、社会性发展、动作发展等方面获得极大基本。部分特殊儿童已经成功进入普通小学就读。

（二）反思

1. 研究活动是园所促进教师专业提升的重要手段

园所非常重视本次研究活动，将本研究作为提高园所融合教育质量的重要工具。参与研究的教师普遍认为解决了自己在融合实践中的困惑，他们学会了如何与特殊需要儿童沟通，如何观察，及如何支持。与此同时，参与研究的教师也获得了自身的成长，多位教师的案例、论文获奖。

2. 本研究活动成为班级教师、专职教师的工作动力

本研究从问题出发，在实践中探索，解决实际问题，让一线教师对教研、科研不再陌生。而研究成果也会极大地调动教师继续进行融合教育的积极性。

3. 本研究解决班级教师工作困惑

特殊需要儿童学前融合教育还处于初级阶段，我园也在不断地摸索，针对如何帮助特殊需要儿童更好地融入到班级中，班级教师还存在困惑。本研究能部分解决这一问题。

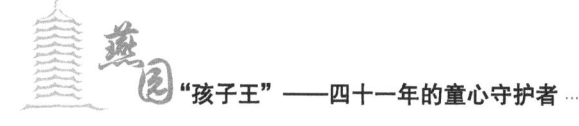

4. 本研究还存在一些不足

比如（1）覆盖面可以更大，作为融合幼儿园，应该是全园参与，本次研究仅限于专职教师和部分融合班级教师，下一步可以有更多的班级教师参与；（2）本次研究还没有形成更加系统的提升幼儿园教师融合教育素养的培训方案，亦可作为下一步研究的重要目标和内容。

早期融合教育的实践和探索还处于初级阶段，师资力量是制约融合教育发展的重要因素。因幼儿教师在职前极少进行特殊教育、融合教育相关的课程和实践经验，园本研究就显得极为重要。本次研究以提升幼儿园教师融合教育素养为主题，逐渐总结出融合幼儿园对教师的基本素质要求，整理出融合教育实践所需要的教师培训、教师教研内容，提升了我园各层次教师融合教育实践和研究能力。该研究方式及研究成果可以为其他融合姐妹园所所借鉴。

（本文获海淀区"十三五"时期园本研修优秀案例评选二等奖）

从儿童视角探析融合幼儿园中班级教师对个体差异的认知状况

一、问题提出

学龄前幼儿在身心发展的各个方面都存在个体差异性，在融合幼儿园中，这样的个体差异性表现得更为突出。客观存在的个体差异性决定了幼儿教育不是一刀切的教育，《3—6岁儿童学习与发展指南》中明确指出教师应充分"尊重幼儿发展的个体差异"，"支持和引导他们（幼儿）从原有水平向更高水平发展"。

班级教师是否能够把握幼儿发展个体差异的基本原则，并能够在保教工作中，在充分尊重个体差异的基础上，支持个体发展，是合格幼儿教师的重要指标。在融合幼儿园中，孤独症、发育迟缓、肢体障碍等幼儿在班级中普遍存在，教师对个体差异的理解，教师如何营造适宜的班级氛围，教师的保教行为如何，是融合教育能够成功开展的重要因素。

我园已经开展了近20年的融合教育，教师进行了大量《纲要》《指南》等相关文件精神和融合教育理念的感知和实践操作。本研究通过情景故事的设计，试图通过儿童视角探析本园教师在幼儿个体差异方面的认知现状，研究结果能够很好地指导园所师资培养和保教工作的开展。

二、研究设计

（一）研究对象

本研究从七个大班随机抽取幼儿38名，其中男孩20名，女孩18名，年龄跨度为：5岁6个月至6岁9个月。所有幼儿均为普通幼儿。

（二）研究方法

本研究的研究方法为实验法。

实验法是指创设一个情景故事，通过对幼儿的访谈了解幼儿的心理活动状态。

本研究的情景故事为：森林幼儿园的小朋友每天都开心地做游戏。有一天班上来了一位新朋友（坐轮椅的幼儿）。这时班上一个孩子说，"老师，他坐轮椅，跟我们不一样，我不想跟他做游戏。"

主试提问：（1）这时候，你觉得老师会说什么？（2）老师为什么要小朋友一起玩呢？（3）你会跟他一起玩吗？

(三)数据收集与统计

实验选择在一个安静的场所,一对一进行数据收集:主试在桌子上摆放很多玩偶,其中一个玩偶代表提出异议的幼儿,一个玩偶代表教师。主试一边讲情景故事,一边表演,确保幼儿听懂。最后进行三个问题的提问。

通过录音笔记录幼儿的言语表达,实验后进行文字整理。对幼儿的回答进行分类编码,并进行描述性统计。

三、研究结果

1. 在群体中出现个体差异时,幼儿所认为的教师的反应

表 F-9 教师对个体差异的反馈($n=38$)

回答	积极引导	客观引导	不引导	不知道
选择	29(76.32%)	3(7.89%)	2(5.26%)	4(10.53%)

实验发现,幼儿所认为的教师的首要反应是会积极引导幼儿跟这名残疾幼儿一起游戏,表 F-9 显示,76.32% 的幼儿会认为教师会邀请其他幼儿与这名残疾幼儿一起游戏;7.89% 的幼儿会认为教师会客观引导,即可以一起玩,也可以不在一起玩;仅 5.26% 幼儿的回答表现出,教师不会引导一起玩耍。

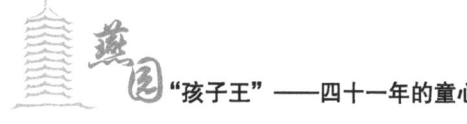

2. 针对"要在一起玩的"深入分析

表 F-10 为什么要一起玩（n=29）

回答	都是小朋友	他会孤单	每个人都是有差异的	腿好了可以一起玩
选择	14（48.28%）	4（13.79%）	8（27.58%）	3（10.34%）

通过进一步访谈，发现近一半幼儿认为，"虽然坐轮椅，但都是咱们小朋友，应该要一起玩；13.79% 的幼儿关注残疾幼儿的内心世界，认为如果不一起玩的话，他会孤单，"这样不友好"，"我们必须帮助他"；有 27.58% 的幼儿看到了个体差异，认为"每个孩子都有自己的优点和缺点"，认为"他就是比咱们走路慢一些"，在与他互动的过程中可以"跟她聊天"，或"走慢一点"，"坐轮椅也可以一起做游戏"，如表 F-10 所示。

3. 针对"不要一起玩"的分析

针对可以不跟他一起玩，或可一起玩可不一起玩的幼儿，通过进一步访谈，发现，他们认为"可以让老师帮助他"，"他只是受伤了，没有关系，可以一起玩，也可以不在一起玩。"

4. 幼儿个体是否愿意

表 F-11 幼儿是否愿意与轮椅幼儿一起玩耍（n=38）

回答	愿意	不知道
选择	36（94.74%）	2（5.26%）

从访谈数据看（表 F-11），94.74% 的幼儿自述愿意与轮椅幼儿一起玩耍，只有一名幼儿不愿意与轮椅幼儿玩耍，这也从一定程度上反映出幼儿对个体差异的接纳程度较高。

四、讨论

教师能否做到尊重幼儿发展的个体差异性是本研究的重点。本研究借由具有明显特征的轮椅幼儿作为冲突点引入到班级中，通过儿童的视角反馈教师的应对策略，进而反馈教师在个体差异方面的儿童观。

从数据看，三分之二的幼儿认为教师会鼓励与轮椅幼儿一起玩耍，他们会认为这种排斥差异的现象是不友好的举动。他们会认为坐轮椅的孩子首先也是幼儿，他们同样具有玩耍的能力。个别幼儿表示，每个人都有优点和缺点，每个人都可以展现自己；有的幼儿比较客观地看待轮椅幼儿的差异性，通过调整自己的行为来与轮椅幼儿进行互动上的契合。由此可见，融合幼儿园的教师在日常保教工作中，特别是师幼互动中，能够接纳差异，并鼓励幼儿接纳差异；营造良好的同伴、师幼平等和接纳的氛围。当面对差异时，融合幼儿园的幼儿就更能表现接纳、支持、协助的倾向。

在表示可玩或不可玩的这些幼儿中，也并没有存在针对轮椅幼儿的歧视现象。他们是很自然的表达，认为不想玩就可以不要一起玩耍。针对这一点，研究者认为，班级氛围是融洽的，教师是尊重幼儿的，尊重幼儿的个性化表达。

最后，绝大多数幼儿表示愿意跟轮椅幼儿一起玩耍，呈现了一个良好的融合氛围，这种氛围是班级教师营造的，是他们对差异性包容接纳的认识所影响的。

五、反思

1. 融合教育的开展更好地印证，融合幼儿园中班级教师做到了尊重幼儿发展的个体差异性的观念认知。

本园近 20 年的融合教育实践和研究，园所教师要接受大量的专业培训和教学支持，他们在融合的环境中接收和支持着一届届特殊需要儿童。经过多年的融合教育实践和研究的洗礼，他们对儿童的认识更为科学，他们认为儿童发展的普遍性是相对的，发展差异性是绝对存在的。于是，教师的这种观念会带入师幼互动中、设计和组织游戏活动中，带入课程评价和幼儿发展评价体系中。这是融合教育开展对教师团队建设最大的益处。

2. 教师的观念深深地影响着幼儿的认知，对幼儿早期价值观的养成起到促进作用。

环境是幼儿成长发展的重要课程，教师本身就是很好的教育资源。幼儿身上有教师的影子，教师的一言一行，潜移默化地影响着孩子。教师是否尊重幼儿的个体差异，是否能够促进幼儿从原有水平获得提升，影响着幼儿的同伴认知。教师所展现出来的行为，是接纳，或是冷漠，或是排斥，是幼儿的直接示范。3—6 岁是幼儿发展的关键时期，教师呈现出的良好的师幼互动，影响着幼儿早期价值观的养成。

3.儿童视角的实验研究可以评估教师的教育行为，也能够间接评估园所发展质量。

教师的教育行为和园所发展质量最终是作用到幼儿身上，幼儿的成长发展是没有虚假的，幼儿的反应能够直接反馈出教师的教育理念和教育行为，甚至能够从一定程度上评估园所发展质量。

（本文获海淀区第九届"童心杯"征文一等奖）

科研教研双轨共促融合教育品质提升

随着社会文明程度的进步和教育理念的发展，人们对融合教育的需求不再满足于普教和特教简单整合后的拼盘式教育，而是需要关注兼顾所有个体差异，全面支持所有幼儿全面且富有个性的发展。由此可见，在优质普通学前教育的基础上开展高质量融合教育，已经成为幼儿园阶段教育的必然趋势。

在幼儿园的每个班级里，几乎都会有几个让教师感到棘手难带的幼儿，这些幼儿通常在生活适应、认知学习和社会性发展等方面存有特殊需要。其中一部分幼儿在医学上得到诊断，可能患有孤独症谱系障碍、注意缺陷多动障碍、脑瘫、发育迟缓、感统失调、社交障碍、情绪障碍等疾病；另外一部分幼儿，可能只是表现出注意力不够集中、体能动作不协调、游戏活动参与程度不够、容易与同伴发生冲突使用暴力、面对挫折情绪突然失控很难调节等等，这些幼儿并非是医学意义上的特殊幼儿，但却具有阶段性的特殊需要，称之为边缘幼儿，进入小学后常被界定为学习困难或障碍儿童。接纳这些在精神上或是身体上有特殊性的孩子，不是单独为他们设立一个班级，而是让他们进入普通班，与所有儿童在同一环境下共同学习和参与活动，这是北京大学附属幼儿园（以下简称"幼儿园"）一直在探索的融合教育。

幼儿园自1990年代接收第一例特需幼儿开始，就一直在为创建成为一所高质量融合幼儿园而努力。时至今日，幼儿园通过创设园所和班级的教学环境、优化一日生活活动安排、调整教学材料、变换游戏内容和方式以及增设特教专职教师直接进班辅导辅助等多种解决方案，使得园内无障碍成长环境日趋完善，不仅体现在支持幼儿自主生活游戏的"硬设施"上，还体现在满足信息交流、融入社会等多维需求的"软环境"上，融合教育品质也随之不断提升。

幼儿园保教质量的提高，不是一朝一夕的事情，更不是轻而易举的事情，需要全园教职员工的智慧与努力。在园所规模上，幼儿园现拥有燕东、蔚秀和新馨三所分园，开设37个教学班，其中新馨分园开办不足一年；在学历组成上，专任教师百余人，其中研究生学历16人（含1名博士），本科学历73人；在职称结构上，正高级教师1人，高级教师7人。如何带好这样一支幼教团队，确保融合教育质量同质性提升，为在园的千名幼儿和家长们提供更高质量的学前教育服务，是我园持续探索和研究的重要课题。

想要切实提高园所的保教质量，不能局限于研究各种教育教学方法，而是要在研究幼儿发展水平并紧密结合幼儿家庭教育特点的基础上，开展丰富的科研和教研工作，方能满足幼儿的个性化教育需求，助力家长在孩子的教育上获得"方向感"，办出人民满意的幼儿园。为此，幼儿园探索了科研教研双轨齐头并进的路径，具体做法如下：

一、重新布局中层管理岗位，科研教研双轨道，实现保教扁平式推进。

在传统的幼儿园保教管理的工作中，面对具有不同分园的局面时，通常做法为线性设有总园长、总业务园长、分园长、分园保教主任、分园年级组长以及班主任等管理岗位，这种设置使得总园的保教管理者，特别是总园的业务园长，常常是教研科研一肩挑，工作起来力不从心，不自觉地就会混淆两种不同性质工作的范畴，降低两个内容的不同功能；与此同时，分园长在与总园保教工作进行对接时，也容易出现保教质量过度依赖于分园长本人，在保障质量同质性上潜存一定的风险性。

为此，幼儿园重新布局管理岗位，在总园长、执行园长的下一级，直接设置三位副园长，鼎力确保园所保教质量。一位副园长负责全园的日常保教管理，开展以解决一线教育教学现实困境的教研工作，为融合教育铺垫出优质的学前教育基础；一位副园长负责全园的科学研究推进，开展以突破园所融合教育教学中的瓶颈和未来发展的科研工作；一位副园长负责总园品牌在新建分园的输出工作，开展以攻克融合教育在推广和辐射过程中重点和难点问题的教研科研孵化工作。这种扁平式布局，为三所分园的融合教育品质提升，同时铺设了教研和科研的双轨道，在中层搭建起了管理框架上锥形立体结构，在顶端实现园所文化的输送和汇集，在末端进行教育教学内容和方式的改革与创新。管理学中有一知名说法："创新来自放弃，它不在于你实施什么新措施，而在于你放弃的是什么。"如今回顾来看，幼儿园管理布局分工上的创新性尝试就在于：放弃了传统的线性岗位设置，将最重要的业务工作部分，直接进行扩充拉宽，由一位管理者增设为三位管理者协同开展，把一个综合混杂的工作内容拆分成三大关键模块，使得重点突出，人力资源配备更加适宜。

通过这样的管理设置，幼儿园迅速完成了各个分园内无障碍环境的创设，既包括园所环境也包括班级环境，三所分园各自因地制宜地创设个性化环境，并指导不同的班级进行无障碍环境创设，累计收集25份无障碍环境创设方案，推进了幼儿园作为联合国儿基会融合教育试点园工作，积极参与了海淀区特教中心的推进融合教育环境创设主题的案例收集。

二、发挥研发室的引领职能，开展微研究项目，塑造保教团队研究型思维。

推进融合教育品质的过程中，幼儿园发现：当孩子进入幼儿园，园所提供的教育环境和教学方式成为最重要的内容。

即使有了强大的管理团队，最接近幼儿发展、最需要具有对幼儿发展进行科学评价的人员仍然是班级的一线带班教师，她们如何与幼儿进行互动，将在很大程度上决定着园所的保教质量。为了让一线教师提高科学解读幼儿言语行为，切实把握不同年龄阶段的身心发展特点和规律，幼儿园在全体教职员工面前，揭下"科研"的神秘面纱，设立"微研究"项目，鼓励大家用研究的态度开展工作，创办研究型幼儿园。

研发室自2018年设立，微研究项目从2021年开始推出，目前已经累计立项50余项微研究，这些研究问题虽然微小，但却成为教育教学一线中牵引着教师执着探究和不懈攻克融合教育中各种小困境的有力抓手，促使教师们在面对幼儿发展中出现的新问题新内容，始终坚持"幼儿为本"的教育立场，通过科研分析幼儿言行背后的潜在原因，借助教研在真实的幼儿发展水平上提供教育支持，而不是刻板地固着在文件和书本上的平均标准，更不是在虚构或者是假设的发展特点上施教和互动。

有了这样前期的工作基础，幼儿园承担了海淀区进修学校学前研修室、创新中心、区特教中心以及区教科院等多个业务部门探索推进的前沿项目，譬如承担海淀区近200位成长期教师和成熟期教师融合教育素养培训工作；100多位融合教育种子教师的理论培训和30多位种子教师的跟岗学习；50多位园长保教管理者家庭教育指导能力提升的线下培训。通过这些工作的参与，幼儿园不仅辐射了区域内的融合教育工作，也极大锻炼了教师们开展融合教育中最重要的"研究型思维"能力，在师幼互动的底层逻辑上确保了在园幼儿的保育质量。

毋庸置疑，环境因素在很大程度上决定了我们的行动。在"研究型"幼儿园发展定位下的园所氛围里，"微研究"项目通过课题研究、教学研讨、合作学习等形式，打造多样化的研究平台，塑造善于学习、崇尚研究的园所文化，使教学即研究、学习即研究、工作即研究的园所风气成为全体教职工保教工作的基本形态。在科研和教研的共同助推下，"融合教育"专题作为全园教职员工必修内容；师德评优评先首要考虑融合班教师，将"耐心"作为融合教师的首选特质，班级内每增加一位特需幼儿班级教师在月考核中多增加一分，融合班级增设第四岗教师、给予特教专职教师主班老师待遇，融合班级按需提供专职教师的进班辅导和教育咨询等各项管理举措，都有效推进了融合教育品质的提升。

三、促进科研与教研的相互转化，相辅相成，助力融合教育品质提升。

幼儿园秉承"勤奋、严谨、求实、创新"的北大传统，借鉴蔡元培校长的教育思想，逐渐形成"尚自然，展个性，促融合，共发展"的教育理念，坚持走研究与实践紧密结合之路，充分利用高校丰富的人文和自然科技资源，不断探究幼儿发展中的多样性，促进彼此有差异的幼儿"互为成长资源"，高品质实现"幼有所育"。

近两年期间，我们通过多项科研课题推进融合教育质量的提升：追踪特需幼儿持续性发展的个案和普通幼儿在融合班级内的社会性发展，采用回溯性的研究思路刷新在学前阶段融合教育实施的重点内容；直面教学现场师幼互动中的真实情境，从教师园本培训入手，研究的同时进行实践调整，培养教师自身研发教育教学的能力，全方位支持特需幼儿在园期间的学习与发展；在推进教育改革和新课标下，融合教育仍然是重要关注点，在 STEM、戏剧教育、自主游戏等项目教学中，同样支持幼儿发展中的多样性。

这一时期，幼儿园认真学习国家和市区教育改革文件、政策，对接园所创设高品质融合幼儿园的工作目标，先后独立开展了北京市教师发展中心立项的《幼儿园融合教育中师幼互动质量提升的教师培训研究》、中国教育科学研究院 STEM 教育研究中心立项的《基于真实情境和心理发展的幼儿 STEM 游戏活动》、中国学前教育研究会"十四五"研究课题《幼小双向衔接视角下大班数学集体活动园本课程研究》、北京市教育学会"十四五"教育科研课题《稳定成长期幼儿教师家庭教育指导能力提升策略的研究》等多项科研工作。与此同时，幼儿园还参与了不同高等院校专家学者的科研项目，譬如北京大学易莉研究员《融合幼儿园普通幼儿社会性发展》、北京师范大学贺荟中教授《多层级支持系统 (MTSS) 在学前融合教学中的应用研究》以及中华女子学院赵梅菊老师的《学前融合教育质量 ICP 量表观察评定》等内容。

通过上述科研工作的开展，在结合园本教研和培训的基础上，我们攻克了融合班级师幼互动中机会不均等、内容不平衡、方式较单一、理念不一致以及效果不理想五大典型教育难题；提炼出家园沟通中的《黄金法则》；整理出《教师实用手册》；录制了《融合教育微课》；研发出两类实效显著的园本培训：一类是在沿用传统的培训学习的基础上，巧妙进行了精准培训的尝试；另一类是应用具身认知方式的培训学习，创造性采用生成式情景剧表演的尝试。在承担区级教师研修项目中，在师幼互动科研工作的进程中，嵌入教研"聚焦共同游戏开展融合教育中师幼互动策略研究"观摩展示，创新尝试"单盲"式观摩学习，即请参与学习的教师通过自己的观察筛选出"特需幼儿"并给出相应依据，最后由班主任教师进行特需幼儿的揭秘，并呈现纵向发展情况记录，这一研修活动受到区级教师的一致好评与认可，促使大家在主动"寻觅"中更新对融合教育的认识，拓展和更新的融合教育支持的策略方法。鉴于此，该研修设计获得北京市2023年暑期全员实训优秀成果奖。

通过科研与教研的双轨模式，幼儿园逐渐破除诸多幼儿园在推进融合教育中显现出来的"盲人摸象"的窘境，尽管不同幼儿园具有差异性的前期教育基础，面对多样性的特需幼儿，但是通过我们的实践工作可以看出，科研与教研的联动和交互，能够促使教师在实施融合教育过程中以及新时代教育改革中，坚持"幼儿为本"的视角，摒弃偏见，不再执念于特殊需要的诊断，不为每位幼儿的发展设限，敢于突破已有的教育教学框架，在用心观察和科学评价的基础上，为幼儿提供全面且个性的教育支持，不断提升融合教育质量，切实改善幼儿的生活品质。

毋庸置疑，幼儿园的融合教育在"尚自然展个性"的园所文化中不断孕育和发展，北大老校长蔡元培先生曾提出，教育者应"深知幼儿身心发达之程序，而择种种适当之方法以助之。"就像农家对待植物那样，"干则灌溉之，弱则支持之；畏寒则置温室，斋食则资之肥料。"回首2023年，幼儿园融合教育得以提升，无有他奇，更无他异，只是幼儿园的每一位教职员工努力做到了身为幼教人的本然。

（本文获海淀区第十届"童心杯"征文一等奖）

真实情境下幼儿园 STEM 游戏活动的开展情况及实效

随着大学、中小学 STEM 项目式教育活动的深入开展，幼教界也开始关注 STEM 教育。2021 年 1 月，我园入选为首批 STEM 领航幼儿园，同年我立项主持了"中国 STEM 教育 2029 创新行动计划"课题研究《基于真实情境和心理发展的幼儿 STEM 游戏活动》，2023 年 3 月顺利结题，被评为"优秀课题"。两年时间里，我们尝试和实践了很多。

一、学前 STEM 教育现状分析

相对于传统教学，STEM 教学是一个较为新鲜的事物，但学前 STEM 教育实施初衷是在于促进学前儿童的全面发展，而并非是为 STEM 教育而做。

尽管 STEM 的提出源于国外，但学前 STEM 教育在我国的开展并不是从零开始：首先我国《3—6 岁儿童学习与发展指南》指引下的幼儿园科学领域学习紧紧围绕激发探索和认识兴趣，引导幼儿不断通过有意义的操作，学习最基本的科学方法，获得对周围事物和现象的科学认识，从而形成初步的科学素养；其次中国教育部和科学技术协会于2001年启动的面向5—12岁儿童的"做中学"科学教育改革实验项目，这些都为我国幼儿园实施STEM教育积累了丰厚的基础。

二、STEM游戏活动方向的确定

在心理学理论中，"学习"是指主体通过与环境相互作用导致能力或倾向相对稳定变化的过程，发展是个体整体的有序变化，表现为数量、质量和结构的变化。学习与发展是两个过程，学习受到发展的制约，要求幼儿进行超越其发展阶段的学习显然是拔苗助长；但学习又会推动发展，而不是消极地等待发展，发展既是学习的基础，又表现为学习过程与结果。

我们确定开展基于真实情境和心理发展的游戏活动，根本原因在于这样的游戏活动引发的将是幼儿的深度学习。与浅层学习相比，幼儿进行的深度学习在学习动机、投入程度、记忆方式、思维层次和迁移能力上存有明显差异，促使幼儿突破生活情境和学科领域知识的表层化，跨越自身思维浅层化的藩篱，让高阶思维（概括、推理、分析、综合、评价等）和高阶情感（共情、专念、悦纳、自省等）参与到学习中来。

值得探究的真实情境从何而来？真实情境中的问题，常在老师观察幼儿和他们互动中发现捕捉到。中班案例《蚕宝宝的新家》，孩子们对"蚕宝宝"非常感兴趣，随着小蚕一天天长大，他们提出新问题："蚕宝宝长大了，这个盒子住着太挤了，能不能给它们造个新家？""我都有自己的房间，每个蚕宝宝也要有自己的房间！""我们家之前养蚕的时候就在盒子里隔出了好多个小房间，因为蚕结茧的时候就会找一个角落，我们可以做成这样的新家！"

如何聚焦探究？ 活动开展过程中，孩子的想法很多，是不是都要支持？在幼儿无法清楚表述问题时，教师就需要帮助幼儿总结梳理他们遇到的问题。案例《怎么运被子更省力？》活动中，第一次组装完小车后，孩子们拿小车进行了试验。试验结束，教师提问："这辆运被子小车好用吗？有没有遇到什么问题？"有的孩子说："挺好用的，比我们直接运被子轻松不少了。"也有孩子提道："我们推小车的时候要弯着腰，还是有点累。"于是教师在幼儿讨论的基础上生成了问题："怎么让小车动起来，又不用弯腰推，让我们觉得更省力？"孩子们就这个问题又开展了一系列探究。

如何让探究持续？ STEM活动中，幼儿往往会多次经历失败的过程，有的教师可能在幼儿失败后为了避免打击幼儿的积极性，直接动手帮助幼儿完成任务，却忽略了幼儿的失败其实正是幼儿发展的契机，教师需要刻意为幼儿提供试错机会。大班STEM活动《给蔬菜搭过冬的房子》中，孩子根据经验很快完成了四方形大棚的建造。没想到隔天一场大雪，孩子们热情搭建的保温房坍塌了。尽管现实残酷，但这却大大激发了幼儿的探索和挑战欲。经过实地调查分析，他们联系实际和已有经验，提出新问题：如何搭建牢固的保温房？孩子们比以往表现出更多地科学家特质：研讨倒塌原因，也提出了调整方法，开展精确测量，为了提高搭建成功率，幼儿竟然主动提出先搭个小的模型，尝试模拟论证，设计两个方案，分组完成，调整后的两个大棚终于抵御住了再次而来的大风雪，他们终于成功了。

三、实效分析

幼儿学习品质明显提升。正因为是基于真实情境，幼儿有强烈探究和解决问题的兴趣和愿望，在这样自然内驱力驱动下，幼儿会整合多领域的经验，通过观察、计划、设计、操作、调整、合作等等，实现自己的想法，解决自己的问题。在一个个鲜活的案例中，我们感受到了孩子的力量。小班STEM《从花架到花台》活动中，我们看到了小班幼儿也能完成孩子们朴实的问题解决之道：从低层到高层，从平面到立体，他们正在不知不觉地启动着工程师的思维模式；中班STEM《怎样运被子更省力？》，我们看到了中班幼儿是如何与材料互动，制造了运被子小车，并一步步解决小车省力的办法；大班STEM《给蔬菜搭过冬的房子》，体现出了大班幼儿设计、建模、测量、搭建等STEM素养和能力。不但如此，参加过STEM活动的幼儿，更加能够大胆和准备的表达自己的想法，在活动中积极主动、不怕困难、敢于挑战和尝试、乐于想象和创造，这些积极的学习品质，会伴随幼儿未来的成长之路走得更稳。

教师专业能力的显著提高。基于幼儿心理发展和真实情境的 STEM 活动开展，教师首先要充分了解幼儿的心理发展特点，通过日常观察分析，捕捉 STEM 活动的教育契机。这个过程中，教师更了解幼儿的游戏状态和水平，更愿意倾听记录幼儿的想法和对话，她们变成了更加懂孩子的老师；通过学习和实践了解 STEM 教育的思想和精髓，教师能够从幼儿五花八门的谈话和真实情境中，敏感的筛选到能够调动幼儿科学、技术、工程、数学多领域的经验，运用跨学科的方法来解决的问题。如何倾听幼儿？如何回应和理答幼儿的想法？如何支持幼儿深入持续探究？这个过程教师不断学习相关知识，与幼儿经验和表现产生链接，基于幼儿的经验开展适宜的支持，教师的 STEM 素养在不断提升。

STEM 教育面对大班额、个体差异等问题时，可尝试结合幼儿园一日生活安排，将集体教学活动和区域活动相结合，集体教学和小组教学相结合的方式开展项目活动，通过区域活动将幼儿分散开来，结合幼儿兴趣完成项目。在具体活动实施过程中教师更好地协调好两种教学组织形式在一个项目中的占比，既有充足的时间全面系统的分析假设科学原理、工程原理，又有足够的空间动手实践合作探究，满足集体、小组和个人的探究需求。必要时或者条件允许时，还可以结合家园共育活动进行个别化开展。

（本文发表于《教育家》2024 年第 1 期）

附录2　童言稚语

餐前环节，幼儿看到老师进班，执意要拉老师的手。
师："你的小手洗干净了，要准备吃饭了，付妈妈的手不干净。"
这时，幼儿用最快的速度把手缩到袖子里，举着长长的空袖子，盯着老师说："拉手"。

上课的时候，幼儿被老师夸奖了，于是蹦蹦跳跳地去洗手。
师："宝贝，走着去洗手，注意安全。"
幼儿："还不允许我自我膨胀一下了？"

午餐开始了。
师："孩子们，如果觉得馒头干，就喝一口汤，搭配着吃。"
幼儿："老师，没事儿，我的馒头是湿的。"

户外活动时，一阵风吹来。
孩子们说："老师你的头发在跳舞。"

一天早晨，孩子们到了幼儿园。
幼儿："齐老师，我昨天回家的风，不是春天慢慢的风，是龙卷风。"

幼儿1："老师，我是在威海出生的，但是我是北京人。"
幼儿2："不管你是在哪里出生的，我们都是中国人。"

师："你是谁呀？"
幼儿："我是元宝。"
师："哦，我以为你叫暖宝"。
幼儿："我是元宝，元宝比暖宝珍贵，记住了吗？珍贵的那个就是我。"

幼儿："老师，我快疯了，因为被风吹了，所以我快疯了。"

幼儿："老师，我想换名字了。"
师："为什么呀？"
幼儿："我的名字已经用好几年了，我觉得我的名字生锈了。"

户外跳绳时，好几个小朋友都要挑战老师，于是开启了跳绳大比拼，最后老师以连跳200个的成绩稳居第一。
幼儿："老师，您跳得这么厉害是不是吃糖了？"
师："为什么跳绳厉害是因为吃糖？"
幼儿："因为有一种糖叫跳跳糖啊！"

续表

幼儿:"老师,您知道吗,我长大后要当发明家。" 师:"你太棒了!你想发明什么?" 幼儿(拿着一个做好的风筝):"老师你看我会发明风筝了。"
幼儿:"刘老师,明天我不来幼儿园了。" 师:"啊?为什么啊?你要去哪里啊?" 幼儿:"妈妈说我明天要退休。" 师:"退休?" 幼儿:"对啊,我明天要退休一天,妈妈说要带我去颐和园玩。"
幼儿1:"我爸爸不瘦,我爸爸胖。" 幼儿2:"我爸爸比你爸爸还胖。" 幼儿3:"我爸爸最胖,他一次能吃一头牛那么多。"
幼儿:"我生气啦,气得我直冒烟。"
幼儿不小心把面条弄到了裤子上。 幼儿:"哈哈,我的裤子饿了,它也想吃面条。"
沙坑游戏的时候,老师和几个小朋友一起玩,老师想用一下其中一个小朋友的大铲子。 师:"宝贝儿,可以让我用一下那个大铲子吗?" 幼儿:"老师,你小时候都玩过了,现在都当老师了,就别跟我小时候抢玩具了。"
幼儿:"老师,你知道我属什么吗?" 师:"不知道,你属什么?" 幼儿:"我属凤凰!" 师:"凤凰??" 幼儿:"对呀,我属鸡,就是土凤凰!鸡吃虫子,我不吃虫子,知道为什么吗?" 师:"为什么呀?" 幼儿:"因为我是凤凰啊!"

续表

某天几个小朋友聊起了星座。 幼儿1："我是狮子座。" 幼儿2："我是水瓶座。小石榴，那你是什么座的？" 幼儿3："嗯……我，我是肉做的！"
幼儿1："老师，我们快点儿去玩'地主'游戏吧，我都迫不及待了。" 其他小朋友们急忙纠正："那是自主游戏啦！"
幼儿："老师，咱们班有长（常）老师，请问咱们班有短老师吗？"
老师怀孕后肚子变大变圆了。 幼儿："老师，我知道您的肚子为什么这么圆了。" 师："为什么变圆呢？" 幼儿："因为您每天都在圆桌子上吃饭，把肚子吃圆了。"
师："小朋友们，谁家如果有不需要的轮胎可以带到幼儿园里来，我们在户外游戏的时候可以用。" 幼儿："我把我的自行车轮胎拿来吧。" 幼儿（过了一小会儿，有点儿不好意思）："我还是让我爸爸把汽车轮胎拿来吧，我不舍得我的自行车轮胎。"
一个孩子在屋里摔倒了。 幼儿："老师，可以把我的屁股拿起来吗？"
消防演习刚刚结束。 师："孩子们，生命最重要，如果着火了，无论你在干什么，都要迅速逃出去！" 幼儿1："那如果你正在刷牙，怎么办？" 幼儿2："我快点儿刷！"
师："为什么蘑菇是灰色的，不是五颜六色的？" 幼儿1："漂亮的蘑菇好看，可是有毒，小兔子吃了会死的。" 幼儿2："老师，我们把有毒的蘑菇拿去消毒后再给兔子吃，它就不会死了。"

续表

师:"你喜欢被叫小胖墩吗?" 幼儿:"不喜欢,我现在已经减肥都瘦了;叫我小瘦墩儿还差不多(说完自己哈哈大笑),因为我有点儿瘦又有点墩儿,所以就叫小瘦墩儿。"
一个小女生午睡完一直赖床,老师怎么叫都不起,这时一个小男生走了进来。 幼儿:"她是睡眠公主吧!" 小女生红了脸害羞了。
幼儿:"老师,您知不知道500+500等于多少?" 师:"不知道。" 幼儿:"这都不知道!等于十个100!"
星期五的晚餐是孩子们最喜欢的肉夹馍,有的孩子喜欢吃瘦肉,有的孩子喜欢吃肥肉,沾满了汤汁的肉夹馍打开了孩子们的味蕾。 师:"你想要瘦一点的还是肥一点的?" 幼儿:"要胖一点的。"
孩子吃了一口梨。 幼儿:"老师,您闻闻我有没有味道?是不是梨味儿的,我吃的是香香梨。"
吃饭时,一名幼儿把衣服弄脏了,老师给他换衣服。 师:"宝贝,你衣服都是谁给你洗呀?" 幼儿:"我奶奶"。 师:"你看奶奶多辛苦啊。" 幼儿:"不辛苦,命苦!"
户外活动时,一名幼儿看到花池里的花。 幼儿:"老师,这不是紫衣甘蓝吗?长得又紫又衣又甘又蓝的。"

续表

幼儿:"老师我有点不舒服。" 师:"你哪里不舒服?" 幼儿:"头疼(双手摸头)。" 师:"你是头疼吗?" 幼儿:"后头不舒服(双手摸后脑勺)。" 师:"后头疼吗?" 幼儿用手指下面裤子。 师:"是不是裤头不舒服?" 幼儿:"是。"
两个孩子都认为自己数学好,想长大以后当数学老师,两人争论起来。 幼儿1:"我是数学老师。" 幼儿2:"我才是数学老师。"(即将流眼泪) 幼儿3:"你俩别吵了,我来看看你们俩谁是真正的数学老师。我来考考你们,一百加一百是多少?" 幼儿1和幼儿2:"两百"。 幼儿3:"你们俩都能做数学老师。" 三人都很开心。
午睡时。 幼儿:"老师,什么时候能回家?" 师:"等你睡醒了就快能回家啦,所以想快快回家就赶快闭上小眼睛睡觉啦。" 幼儿(闭眼5秒钟后睁开眼睛):"老师我睡醒了,现在可以回家了吗?"
幼儿1:"我爸爸是北大的。" 幼儿2:"我爸爸是搬砖的。" 幼儿1:"搬砖?你爸爸是建房子的?" 幼儿2:"我也不清楚,我爸有次去海南出差,晚上我们视频,我问他去干什么了?爸爸说他在搬砖。"

续表

师:"一只狡猾的狐狸来了……" 幼儿1:"老师老师,'狡猾'是什么意思啊?" 幼儿2(抢着回答):"我知道,就是狐狸脚很滑!"
班里自然角种植了一些蘑菇。 幼儿:"孙老师,只要天天按时给蘑菇小包头喷水,它就能长的又快又多吗?" 师:"对啊!" 幼儿:"那你看我的头这么大,我天天给自己浇水,是不是能长出一头的大蘑菇啊!"
区域活动中,孩子们讨论自己喜欢的美食。 幼儿(皱着眉头,嘟着小嘴):"妈妈总是跟我说以后长大了最好考北大、考清华,但是我最喜欢的是烤红薯了,大人真的好奇怪,总是让我们选择他们喜欢吃的东西。"
早上入园下了一会小雨点儿。 师:"外面下雨了吗?" 幼儿:"是云朵在漱口,如果大雨就是云朵在洗脸,哗啦啦。"
冬天天气寒冷,户外活动后老师担心孩子的手皲裂就更加关注孩子抹手油。一天孩子们刚上床,老师想起来提醒他们。 师:"孩子们都抹油了吗?" 几个孩子说忘记了,就准备下床,被老师拦住了。 师(拿着油给他们挤到手心里):"总让我这么操心,我都老得快了,本来我就是班上年龄最大的……" 幼儿(指着班上最年轻的李老师说):"盛老师,以后操心的事儿让李老师来,她年轻,不怕老得快!"
一天晚饭喝粥。 幼儿:"老师,为什么这个粥上面有一层膜的东西,是蜘蛛网吗?"
户外活动时,一名幼儿在滑梯口看小朋友一个接着一个滑下来,说:"真丝滑啊!"

293

续表

户外活动，幼儿1追幼儿2，幼儿2躲不开， 幼儿3（马上上前，张开双臂，挡在幼儿2前面）："你别追他了，我就和你玩儿。" 师（对幼儿3）："你是在保护他吗？" 幼儿3："对啊，我在保护他。" 师（对幼儿2）："他在保护你，你应该怎么说呀？" 幼儿2（想了想）："那你以后一直保护我哦！" 幼儿3："可以！"
幼儿1："看，我水彩笔是48色的，你的呢？" 幼儿2："我的是32色的，比你的少。" 幼儿1："那我让我妈妈买一个送你吧，咱们用一样的。" 幼儿2："不用了，我们家还挺有钱的，我让我妈给我买。"
一名幼儿午休前摆椅子时和大家离得非常远。 幼儿1："跳跳，按顺序摆椅子。" 幼儿2："不行，我得离你们远点，我身上有毒。" 幼儿1："有毒？" 幼儿2："是的，妈妈说是药三分毒，我之前吃过敏药了，我现在身上有毒。"
老师给小朋友讲元宵节习俗。 师："元宵节人们会猜灯谜。" 幼儿1："什么是灯谜？" 师："其实就是猜谜语。举个例子考考你们吧，猴子身轻挂树梢，打一水果。" （答案：猕猴桃） 师："所以元宵节我们做什么？" 幼儿2："吃猕猴桃。"

续表

老师带着孩子们练习新的体操，一个小朋友到最后可能累了。 师："我们再练最后一遍。" 幼儿："我的脚困了不想动了。"
老师告诉班里的孩子今天中午吃的是娃娃菜。 幼儿："老师我还想吃那个小孩儿菜。"
一名幼儿好几天不来幼儿园了。 师："你这几天没来幼儿园在家都做什么了？" 幼儿："我光想你了。"
幼儿："老师，外面下雨了，你有我妈妈的微信吗？" 师："有呀，怎么啦？" 幼儿："可以给我妈妈打个电话吗？" 师："为什么要给妈妈打电话？" 幼儿："告诉我妈妈下雨了，带3把雨伞。" 师："带那么多雨伞干什么？" 幼儿："下雨了，老师没带伞，让妈妈给每个老师一人带一把。"
午睡时好安静。 幼儿（睁开眼睛嘟囔着）："老师我全湿了，出了好多汗，怎么办？" 师（忙走过去一摸，原来是尿床了）："宝贝，湿了就湿了吧。"
有一天，保健医给一个小朋友做检查。 幼儿："大夫，我叫小如，长大了叫大如，老了我就叫老如啦～"
午睡巡视，老师走到一个小朋友旁边帮他调整被子。 幼儿（突然一把抱住老师的脖子）："吓你一跳吧，哈哈哈哈！" 师："你没睡着啊？" 幼儿："没有呢，我在装睡。（捂着嘴笑）我吓到你了，我成功了，你快走吧，我准备好，一会儿还要吓唬大夫呢！"

续表

有一天，小朋友们在自然角观察小蜗牛。 幼儿："老师，你知道蜗牛有左撇子吗？" 师（诧异地）："呀！这个我还真不知道"。
一天，幼儿园里来了修剪草坪的工人。 幼儿："老师，叔叔在给小草剪头发。"
幼儿园的马桶堵了。 幼儿："老师，马桶咽不下去了。"